인문학,
설교에 어떻게 활용할 것인가

김도인 지음

설교, 신학과 인문학의 융합이다.

인문학, 설교에 어떻게 활용할 것인가

Copyright ⓒ 도서출판 목양 2021
초판 1쇄 인쇄 2021년 7월 25일
초판 1쇄 발행 2021년 7월 30일
지은이 김도인
펴낸이 정성준
펴낸곳 도서출판 목양

등록 2008년 3월 27일 제 2008호-04호
주소 경기도 용인시 처인구 양지면 학촌로 53번길 19
전화 070-7561-5247 팩스 0505-009-9585
홈페이지 www.mokyangbook.com
이메일 mokyang-book@hanmail.net

ISBN 979-11-86018-44-6 03230

* 본 저작물은 신 저작권법에 의하여 한국 내에서 보호받는 저작물이므로
  무단전재와 복제를 엄격히 금합니다.

· 책 값은 뒤표지에 있습니다.
· 잘못된 책은 교환하여 드립니다.

인문학,
설교에 어떻게 활용할 것인가

목차

추천사   06

프롤로그   09

1장 · 독서, 설교자의 기본이다
     1. 설교자는 독서가여야 한다   24
     2. 독서, 설교에 활용할 수 있어야 한다   38
     3. 독서토론 모임을 활성화하라   44
     4. 독서 토론의 질이 독서 모임을 좌우한다   53

2장 · 설교를 위한 묵상을 하라
     1. 창조적 성경묵상법의 개요   64
     2. '의미화' 하라   74
     3. 질문하는 과정에서의 '의미화'   79
     4. '의미화'를 활용한 제목잡기   87
     5. 삶과 연결되는 적용을 하라   95
     6. '메시지 만들기' 실습   101

3장 · 설교, 설교구성이 좌우한다
     1. 설교에서 사용할 수 있는 구성요소들   108
     2. 아트설교연구원에서 사용하는 구성요소들   116
     3. 구성은 역동적이어야 한다   121

4장 · 논증을 중심으로 설교하라
    1. '설명' 중심에서 '논증' 중심으로 바꿔라   130
    2. 설명 중심의 설교는 교인을 무시하는 행위다   137
    3. 논증 법을 익혀라   141

5장 · 설교는 글쓰기다
    1. 설교는 글로부터 시작된다   148
    2. 탁월한 글이 사람을 낚는다   158
    3. 글을 쓸 때 고려할 요소가 있다   165
    4. 예수님의 비유법이 설교 글쓰기의 기초이자 마침표다   170

6장 · 설교 글 퇴고와 연습
    1. 설교 글, 퇴고에 정성을 쏟아라   180
    2. 설교를 연습하라   189

7장 · 설교자의 자기 관리
    1. 핵심에 초점을 맞춰라   196
    2. 자기관리에 끝판 왕이 돼라   202

에필로그   210

부록   219

추천사

설교 준비의 주체는 목회자이지만 그것을 듣고 평가하는 주체는 성도이다. 설교에 대한 좋은 이론서들은 많이 있어도 다수는 설교 텍스트 분석에만 전력을 쏟고 있다. 하지만 실제로 설교가 성도에게 전달되기 위해선 설교가 어떤 방식으로 전달되는지를 설교자가 이해해야 한다. 들리는 설교를 해야 한다는 뜻이다. 이 책은 바로 설교자가 인문학이란 도구를 사용하여 어떻게 하나님의 말씀이 '들리게' 하는지를 보여주는 이론서이자 안내서이다. 게다가 페이지마다 설교자의 가슴을 시원하게 하는 노하우가 줄줄이 나온다. 오늘도 성도를 말씀으로 세우기 위해 고민하고 있을 설교자들에게 이 책은 분명 힘이 될 것이다. 이 책을 추천한다.

_이정일 작가, 『문학은 어떻게 신앙을 더 깊게 만드는가』 저자

인생을 살아가다 보면 급한 일과 중요한 일을 선택해야 할 때가 있다. 대부분 사람은 눈앞에 닥친 급한 일을 선택한다. 하지만 지혜로운 사람은 급한 일이 아니라 중요한 일을 선택한다. 목회자에게도 급한 일이 있고 중요한 일이 있다. 목회자에게 가장 중요한 일은 설교다. 존 파이퍼 목사는《하나님을 설교하라》에서 '설교가 곧 예배다'라고 말했다. 목회자는 누구나 이 중요한 설교를 잘하기를 원하지만, 뜻대로 잘 되지 않는다. 김도인 목사는 오랜 시간 설교자들을 가르치면서 설교의 종합선물세트를 이 책에서 다루고 있다. '독서'에서부터 '창조적 성경묵상법', '설교 구성', '설교 글쓰기', '설교 퇴고', 그리고 목회자의 '자기 관리'까지 다루고 있다. 특히 이 책에서 인문학을 설교에 어떻게 적용할 것인가?에 대한 문제를 다루고 있다. 코로나 19 이후 목회자에게 설교는 지금까지보다 훨씬 더 중요한 일이 되었다. 설교가 더 중요한 시대에서 이 책은 한국교회의 설교자들에게 많은 유익이 되리라고 생각한다.

_이재영 목사. DECORUM 연구소 소장, 잠실주담교회 담임, 『희망도 습관이다』 저자

길고 긴 팬데믹의 터널을 통과하고 있다. 우리의 현실은 많이 달라졌고, 우리의 생각도 많이 변했다. 역사에서 배움을 얻지 못하면 같은 역사를 반복하게 된다. 비록 눈물겨운 팬데믹을 통과하며, 지나간 시간을 되돌릴 수는 없지만 '의미'를 확실히 바꿀 수 있다. 포스트 코로

나를 앞둔 지금, 팬데믹은 교회가 무엇을 개선하고 나아가 개혁해야 할지 명확히 알려 주었다. 이 책은 포스트 코로나를 대비하기 위한 김도인 목사의 모든 저작물의 정수가 녹아들어 있다. 이 책은 설교자들에게 단순히 권하는 책이 아니라 필독해야 한다. 역사로부터 배움을 얻지 못한다면 급변하는 흐름 속에 교회는 구시대의 산물로 남아 있을 뿐이다.

_박양규, 교회교육연구소 대표, 『인문학은 성경을 어떻게 만나는가』 저자

프롤로그

실행력 지수가 높은가?

XQ(Execution Quotient) 실행력 지수라는 말이 있다. 다른 말로 표현하면 수적천석(水滴穿石)이다. '작은 물방울이 거대한 바위를 뚫는다'라는 말로, 내 생각과 말을 삶에 연결하는 능력이다. 능력은 다른 데서가 아니라 실행력에서 나타난다는 말이다.

실행력, 실행력이란 말은 쉬운데 절대 쉽지 않다. 말은 대부분 허공에 있는 말로 그칠 때가 많기 때문이다. 말은 행동으로 옮겨야 진짜 '말'이 된다. 그래서 야고보는 믿음에는 행함이 뒤따라야 한다고 말한 것이다.

내가 자주 받는 질문이 있다.

"목사님! 어떻게 해야 하죠?"

"목사님! 어떻게 해야 잘할 수 있죠?"

이런 말을 하는 것은 지금까지 삶에서 실행력이 뒷받침되어주지 못한 것을 다른 말로 표현 한 것이다.

사람들이 삶 가운데 하는 고백이 있다.

"말한 대로 되면 못할 것이 없죠."

말한 대로 하면 못할 것이 없다. 이와 같이 말한대로 되므로 말을 실천에 옮겨야 한다. 이런 말을 하는 것은 자기 생각이나 말을 실천으로 옮기기가 무척 어렵다는 것이다. 그래서 나온 말이 "머리에서 손까지의 거리가 가장 멀다'라는 말이 나왔다.

종종 우리는 '셀프파워'라는 단어를 사용한다. 이는 '누구도 갖고 있지 않은 자신만의 답을 갖고 있다' 라는 의미이다. 즉 다른 사람이 가보았던 길 혹은 다른 사람이 만들어낸 답이 아니라 오롯이 자신이 만들고 찾은 답을 갖고 있다는 말이다. 이렇게 셀프파워가 내 것이 되려면 실행력이 따라주어야 한다.

많은 사람이 인생을 멋지게 만드는 꿈을 꾼다. 그 꿈이 현실이 되려면 실행력이 따라주어야 한다. 자기의 인생을 누구보다 빛나게 만들려면 실행력지수가 높아야 한다.

성경을 보면 하나님께서 그리스도인에게 계속 반복하시는 말씀이 있다. 바로 '순종'이다. 그만큼 순종하지 않기 때문이다. 이 순종은 다른 말로 실행력이다. 믿음 생활은 말로 하는 것이 아니다. 순종이 삶에서 실행되어야 한다. 결국 '순종', '실천', '실행'은 같은 말이다.

이 책에서 선언한다.

"설교자는 말로 증명하는 자가 아니라 실행으로 증명하는 자다."

실행으로 증명하려면 많이 아는 것으로 부족하다. 즉각적인 실행력이 뒷받침 되어야 한다. 설교자는 탁월한 설교자 되기를 소망하는 것 같다. 자신이 소망하는 탁월함은 당장 실행함으로 출발된다.

내가 어렸을 때는 IQ(Intelligence Quotient), 곧 지능지수가 좋아야 한다는 말을 들었다. 시간이 지난 후 EQ(Emotional Quotient) 곧 감성지수가 좋아야 한다는 말을 들었다. 지금은 실행력지수가 좋아야 한다는 말을 많이 듣는다.

이민규의 『실행이 답이다』라는 책이 있다. 한창 독서 할 때, 이 책 제목을 나의 인생 단어로 삼았었던 적이 있다. 실행이 잘 안 되는 삶이 나를 지배했기에 실행이 되는 삶으로 바꾸고 싶었기 때문이다.

반복이 능력이다

'실행이 답이다.' 그리고 또 하나를 보태야 한다. '반복이 답이다.' 실행은 몇 번으로 그칠 것이 아니라 반복적으로 해야 하기 때문이다.

내가 좋아하는 세 단어가 있다.

'집중', '반복', '지속'이다.

세 단어의 중심에 '반복'이 있다. 이 말을 소중하게 여기는 것은 반복의 효과를 맛보았기 때문이다.

사람들이 내게 어떻게 하면 잘할 수 있는가를 물을 때마다 해 주는 말이 '반복이 답이다' 혹은 '반복이 능력이다' 라고 해준다.

나는 다른 사람보다 잘 난 것이 거의 없다. 그저 반복하는 것만 잘 했다.

나는 '창조적 성경묵상법'을 만들었다. 이 방법은 12년 동안 반복에 반복을 통해서 만들어졌다. 이뿐 아니다. 반복을 통해 설교 구성(프레임)의 중요성을 깨달았다. 반복을 통해 '설교 글쓰기'를 스스로 터득했다.

반복의 중요성을 깨우치다 보니, '반복이 중요하다', '반복이 답이다', '반복이 능력이다'라는 말들이 좌우명 중의 하나가 되었다.

날마다 먹는 밥이 우리의 입으로 들어가기까지 총 여든여덟 번의 농부의 손길을 거쳐야 한다. 이는 다른 말로 농부의 반복적인 수고 덕분이다.

'창조적 성경묵상법'이 효과가 탁월하다. 묵상하는 본문을 100회 반복해서 읽기 때문이다. 사람들은 반복을 힘들어한다. 힘든 것을 타개하는 방법은 반복의 힘을 깨닫는 순간이다. 어떤 것도 반복하면 안 되는 것이 없는 것 같다. 그러므로 반복해야 한다. 이 책에서 말하는 것들 '독서', '창조적 성경묵상법', '설교 구성', '설교 글쓰기', '설교 퇴고', '자기 관리' 등 반복적으로 이야기한다. 반복적으로 이야기하는 것은 반복할 때 정복할 수 있기 때문이다.

어떤 설교자가 글쓰기가 많이 성장했다. 그 이유는 반복해서 좋은 글을 베껴 쓰기 했기 때문이다.

내가 '창조적 성경묵상법'을 만들기까지 일주일에 5회 이상 반복으로 실행한 결과다. '설교 글쓰기'도 일주일에 6일 이상 반복의 결과다. '독서'도 매일의 반복의 결과다.

발레리나이자 대한민국 국립발레단의 예술 감독인 강수진도 그녀를 만든 것이 '반복'이라고 했다.

"사람들은 내게서 근사한 말을 듣고 싶어 하죠. 하지만 내 생활은 절대 근사하지 않았어요. 어쩌면 매일 그 지루한 반복이 지금의 나를 만든 것 같아요. 뭔가 꿈꾸었다면 이렇게 오래 무대에 서지 못했을 거예요."

독자들은 눈치를 챘을 것이다. 해내는 것, 탁월함을 만들어주는 것은 반복의 결과물일 뿐이다.

'설교 콘텐츠'를 만드는 다섯 단계를 마스터하라

우리가 설교에 답이 나올 때까지 반복해야 하는 이유가 있다. 자기만의 킬러 콘텐츠(killer contents)를 장착해야 하기 때문이다. 코로나19는 킬러 콘텐츠를 장착하지 않으면 생존도 쉽지 않은 환경이 만들어졌다. 유튜브 전성시대, 미디어 시대에 자기만의 킬러 콘텐츠가 없으면 생존도 쉽지 않기 때문이다. 만약 생존을 넘어 행복한 설교자가 되려 한다면 차별화된 킬러 콘텐츠로의 무장이 기본이다.

유튜브 전성시대에는 자기만의 콘텐츠가 없으면 경쟁력을 갖출 수 없다. 그 이유는 우리 교회의 교인만 나의 설교를 듣는 시대가 끝났기 때문이다. 언제든지 타교인, 불특정 다수의 사람이 들을 수 있음은 물론이고, 우리 교회의 교인도 다른 설교자의 설교를 들을 수 있기 때문이다.

코로나19 이전에는 자신만의 콘텐츠가 없어도 목회가 가능했다. 유튜브 전성시대에는 자신만의 콘텐츠가 없으면 가능하지 않다. 언택트 시대에 설교자는 남다른 자기만의 독보적인 콘텐츠가 있어야 한다. 더 나아가 효과적인 전달케 해주는 글쓰기, 마지막으로 스피치 능력까지 갖춰야 한다.

그럼 어떻게 해야 자기만의 설교 콘텐츠를 만들 수 있는가? 이 책에서 다섯 단계를 이야기한다. 이 다섯 단계는 설교자가 반드시 마스터해야 하는 단계다.

첫째 단계, '독서'다. 독서 꽝을 탈피해 독서광으로, 더 나아가 '독서광에서 독서왕으로'까지 나아가야 한다.

둘째 단계, '창조적 성경묵상법'이다. 자신만의 설교 콘텐츠를 위해서는 창조적 성경묵상법에 익숙해야 한다.

셋째 단계, '설교 구성법(프레임)'이다. 자신만의 설교를 만들어낼 수 있는 설교 구성법을 갖춰야 한다.

넷째 단계, '설교를 위한 글쓰기'다. 에세이 형식의 글쓰기가 아니라 '설교를 위한 글쓰기'를 탁월하게 할 수 있어야 한다.

다섯째 단계, '탁월한 자기관리'다. 위의 네 단계를 제대로 해내려면 능숙한 자기관리가 기본이기 때문이다.

비대면으로 배우는 '아트설교연구원'이다

이 책은 아트설교연구원에서 수업하는 강의를 하나로 묶은 책이다. 또한, 지금까지 출간한 책 『독서'꽝'에서 독서'광'으로』, 『설교자와 묵상』, 『설교는 인문학이다』, 『설교를 통해 배운다』, 『설교는 글쓰기다』 등 다섯 권을 한 권으로 총정리했다. 위의 다섯 권의 책에서 깊게 다루지 않았거나, 다루지 못했던 것들을 중심으로 다루었다. 이 책은 비대면으로 진행하는 '언택트의 아트설교연구원'이라 할 수 있다.

이 책 한 권이면 아트설교연구원의 이론을 마스터 할 수 있다. 비대면이라 실습을 할 수 없는 것만이 안타까울 따름이다.

이 책은 앞의 다섯 권의 책들과 뼈대는 똑같다. 그러나 속살은 조금 많이 다르다. 이전의 책에서 다루지 않았던 것, 깊이 있게 다뤄야 하는 내용, 미흡했던 부분 들을 구체적으로 다루었다. 독서 토론, 낯선 적용법, 설교 퇴고, 설교 연습, 자기 관리 등을 다뤘기에 새로운 부분이 많다.

인문학, 설교에 어떻게 활용해야 하는가?

이 책의 제목을 『인문학, 설교에 어떻게 활용할 것인가』로 정했다. 이유는 아트설교연구원은 신학과 인문학을 융합한 것이기 때문이다.

설교자들이 신학만으로 설교하면 교인들이 설교 듣는 것을 힘들어한다. 하지만 신학과 인문학이 융합되면 교인들이 행복하게 듣는다.

이는 설교는 한 편의 문학 작품의 수준의 글이 되어야 하기 때문이다.

과거에는 어땠는지 몰라도 21세기의 설교는 단순히 성경을 풀이하고 해석하는 것으로 그치면 안 된다. 설교가 글로 잘 짜인 한 편의 문학 작품이어야 한다. 한 편의 문학작품이 되려면 이 책에서 제시하는 것들을 모두 통합할 때 가능하다.

예수님의 설교는 한 편의 문학 작품이었다. 한 편의 문학 작품을 만들 수 있었던 것은 예수님이 인문학자이기 때문이다.

예수님께서 신학과 인문학을 융합해 한 편의 작품을 만드셨다면 설교자는 신학과 인문학을 융합해 한 편의 문학 작품을 만들어야 한다.

예수님은 신학자이며 동시에 인문학자이셨듯이, 사도 바울도 신학자이며 동시에 인문학자였다. 그렇다면 우리도 예수님과 바울의 길을 따라 걸어야 한다. 즉 우리도 신학자이자 인문학자여야 한다.

저자는 '설교는 삶이다', '설교는 마음과 마음의 연결이다'라고 정의하기도 한다. 설교는 하나님의 마음과 청중 마음의 연결이고, 설교자의 삶이 따라주어야 좋은 설교가 나오기 때문이다. 그러기 위해 설교자는 위의 다섯 가지 원리와 방법들을 터득해 청중을 행복한 교인인 상태로 하나님께로 인도해야 한다.

설교자가 갖출 요소들

설교자가 설교하려면 몇 가지 갖출 것이 있다.

첫째, 성경에 대한 지식이다. 특히 하나님의 뜻을 바르게 해석하는 성경해석이 매우 중요하다.

둘째, 어휘력이다.

민망하지만 설교자만큼 어휘력이 편중되거나 부족한 전문가가 없다. 우리신학연구소, 한국가톨릭문화연구원 연구위원, 가톨릭평론 편집위원인 방영미는 『오 마이 갓 오 마이 로드－바이러스·종교·진화』에서 종교인의 어휘력은 평균적인 대중보다 부족하다고 이렇게 평가한다.

"종교인으로 성장한 사람이나 종교 안에서 사는 사람들은 평균적인 대중보다 어휘력이 부족하다. 더구나 본인이 속한 교단의 전문어에만 익숙해져 있어서 교회 밖의 언어를 잘 알아듣지 못한다."

설교자들은 신학 용어, 성경 용어, 즉 자기 분야의 어휘력만 발달해 있다. 그러다 보니 어휘력이 우물 안 개구리라고 해도 무방할 정도다.

소설가 이외수는 『글쓰기의 공중부양』에서 단어 채집을 통해 부족한 어휘력을 채우라고 한다.

일본 메이지대학교 문학부 교수 사이토 다카시는 『원고지 1장을 쓰는 힘』에서 글쓰기를 통해 어휘력을 늘리라고 한다.

"글쓰기에 익숙해지면 어휘력도 점차 늘어나 글을 어떻게 쓰면 된다는 감각이 생겨난다."

이뿐 아니다. 수사학에서도 정확한 어휘 선택을 강조한다. 그렇다면 설교자는 최소한 교인보다 나은 어휘력을 갖추어야 한다.

셋째, 사고력이다.

『문학은 어떻게 신앙을 더 깊게 만드는가』의 이정일 목사는 '직관적 사고를 키우라'라고 한다. 그리고 열린 사고를 해야 한다고 말한다. 그래야 청중과 소통이 되는 설교를 할 수 있기 때문이다.

"변화를 따라가려면 열린 사고가 필요하다. 무엇보다 문학은 '사람들을 깨어 있게 하고, 현재에 충실하게 하고, 살아 숨 쉬도록 하는 것'이다."

설교자는 틀을 깨는 사고까지 할 수 있어야 한다. 인간은 생각하는 존재다. 인공지능이 할 수 없는 '생각'을 하는 '존재'라는 말이다. 중요한 것은 설교를 듣는 청중의 틀을 깨는 사고를 할 수 있는가이다.

이세돌 9단과 알파고와의 4국에서 이세돌 9단이 알파고를 이길 수 있었던 것은 이세돌이 예상치 못한 한 수를 두었기 때문이다. 이세돌 9단이 알파고가 알고 있는 틀을 깼기 때문이다. 이는 인간은 틀을 깰 수 있지만, 인공지능은 틀을 깰 수 없기 때문이다.

설교자에게 사고력이 중요한 것은 교인이 생각하는 사고의 틀을 깰 수 있어야 하기 때문이다. 예상한 대로 흘러가는 설교는 아무도 귀 기울여 듣지 않는다. 세상은 이런 창의력을 요구하고 있다.

본 적 없고 들은 적 없는 낯섦. 하지만 그 낯섦이 싫지 않고 좋은 것. 이렇게 친근함까지 요구하는 세상이다. 이 요구에 맞출 수 있는 것은 결국 남다른 사고력을 지닐 때 가능하다.

이 책의 구성은 어떻게 되어 있는가?

한 편의 설교를 만들려면 네 가지 요소가 갖춰져야 한다.

첫째, 설교로 활용될 수 있는 묵상이다.
둘째, 설교의 문학적 구성요소다.
셋째, 논증(예증)법을 알아야 한다.
넷째, 글로 표현되어야 한다.

이런 이유로 이 책은 7장으로 구성했다.

1장, 독서법이다.
2장, 창조적 성경묵상법이다.
3장, 설교의 구성요소를 어떻게 활용할 것인가?
4장, 설교는 설명 중심이 아니라 논증 중심으로
5장, 설교자는 설교 글 어떻게 쓸 것인가?
6장, 설교 글의 마지막인 원고 퇴고와 설교 연습이다.
7장, 설교자의 자기 관리이다.
이 책은 설교자의 영원한 숙제인 설교의 문제를 조금 해갈시켜 주는 단비와 같은 책이 될 것이다.
'코로나19'로 뉴 노멀이 만들어졌다. 교회는 뉴 노멀인 온라인 예배가 자리를 잡았다. 그리고 현실공간과 가상공간이 공존하는 메타버스 시대이지만 하드웨어보다 소프트웨어인 콘텐츠가 중요해졌다. 이런 이유 등으로 설교의 비중은 절대적이 되었다.

앞으로는 오프라인 공간보다 온라인 공간에서의 승부가 갈릴 것이다. 온라인 공간에서의 승부는 오로지 콘텐츠로만 승부가 펼쳐진다. 그러므로 설교자는 차별화 된 설교 콘텐츠로 무장되어 있어야 한다. 만약 차별화된 설교 콘텐츠가 없다면 목회는 절망적이 될 확률이 높아진다.

코로나 19가 대유행이 되기 전까지는 개 교회 성도들은 본인이 다니는 교회의 목사 설교만 주로 들었다. 이제는 전혀 다른 양상이 펼쳐졌다. 탁월한 설교자와 좋은 설교만을 취사 선택해 듣고 있다.

종교개혁이 '오직 믿음'이었다면 21세기, '코로나19'시대 이후인 언택트는 '오직 설교'다. 그러므로 차별화된 설교 콘텐츠를 만들기에 전력해야 한다.

카피라이터 정철은 『사람 사전』에서 '설교'를 이렇게 정의한다.

"남을 설득하는 가장 흔한 방법 그러나 설득에 실패하는 가장 흔한 방법"

설교는 기본적으로 설득적인 요소를 지니고 있다. 설득적인 요소의 설교를 하기 위해 설교자들은 이 책에서 도움을 받아야 한다. 그 이유는 이 책은 실패율이 높은 설득에서 성공률이 높은 설득의 설교자로 바꾸어줄 것이기 때문이다.

다시, 반복 힘으로

반복은 중요하다. 반복해서 말하지만, 반복은 대단히 중요하다. 전문가, 달인이 되는 비결은 의외로 실행을 반복적으로 하면 된다.

어떤 사람들은 무의미한 반복과 모방을 거부하라고 말한다. 하지만 이 책은 반복에서만 답을 찾을 수 있다고 말한다. 그 이유는 끊임없는 '반복'이 위대한 '변화'의 사람으로 그리고 '탁월한' 설교자로 만들어 줄 것이기 때문이다.

『강원국의 글쓰기』에서 저자는 이런 말을 했다.

"인생도 퇴고의 연속이다. 일단 쓴 원고처럼 훌쩍 저지르고, 평생 퇴고하며 살아간다."

퇴고한다는 것은 반복한다는 말이다. 반복은 무의미하게 습관적으로 하는 어떤 행동과는 결이 다르다. 의미 있는 반복은 완성도가 높은 작품을 내놓는다.

인생도 반복의 연속이다. 하루가 반복되어 일주일이 되고 그 일주일이 반복되어 일 년이 된다. 우리 모두에게 주어진 반복의 연속인데, 당신은 지금 무엇을 반복하고 있는가? 그리고 어떤 것을 반복하고 싶은가?

이 책이 답을 줄 것을 확신한다.

1장

독서, 설교자의 기본이다

1. 설교자는 독서가여야 한다
2. 독서, 설교에 활용할 수 있어야 한다
3. 독서토론 모임을 활성화하라
4. 독서 토론의 질이 독서 모임을 좌우한다

1

설교자는 독서가여야 한다

당신 직종은 독서를 하지 않아?

"왜 당신 직종의 사람들은 독서를 하지 않아?"

세미나에 참여한 한 설교자와 이야기를 나누는데 그 설교자의 아내가 자기에게 한 말이라고 한다.

부끄러웠다. 내심 우리도 독서를 많이 한다고 반박하고 싶었지만 그럴 수 없어서 부끄러웠다. 그 말을 들은 설교자도 아내에게 반박하려고 했지만 정작 자신도 독서를 별로 하지 않기 때문에 변명조차할 수가 없었다고 한다.

설교자들에게 설교 글쓰기를 10년 이상 가르쳐 본 나의 경험에 의하면 그 사모의 말에 동의한다. 이를 최근에도 확인했다. 온라인으로 독서 토론모임을 하려고 페이스북 등에 광고했지만 설교자들은 무관심으로 일관했다.

설교자들은 독서를 하지 않는다

하루는 평신도가 이런 말을 했다.
"목사님들은 진짜 독서를 하지 않아요! 그 많은 시간 뭐 하는지 모르겠어요."
모든 목회자가 그런 것은 아니다. 하지만 딱히 아니라고 할 수도 없다. 부끄러움에 연속이다.
설교자들은 독서광이어야 한다. 이것은 변하지 않는 신념과도 같은 나의 생각이다. 하지만 현실은 정말 독서에 무관심한 것 같다.
내가 알고 지내는 직장인들은 꾸준히 독서를 한다. 더 많이 독서하지 않는 것을 자책한다. 그가 리더일 경우에는 독서가 삶의 일부분이다. 설교자를 만나면 독서에 무관심한 것을 실감 나게 느낀다.
어떤 설교자의 아내는 독서를 하지 않는 남편에게 이런 말을 했다.
"하다못해 TV라도 봐라."
세상 돌아가는 것과 사람이 어떻게 사는 것이라도 알아야 설교할 수 있기 때문이다.
나도 예전에는 책과 담을 쌓고 살았다. 결혼 초기 아내가 자기 친구들 남편과 비교하며 했던 말이 있다.
"친구들의 남편은 집에 오면 책을 주로 봐. 당신은 책은 안 보고 텔

레비전만 봐, 내가 당신 믿고 어떻게 살아가지!"

설교자의 아내들은 남편들이 책 읽는 것을 많이 좋아한다. 아트설교연구원 회원들의 아내들도 남편이 저를 만난 후 책을 부쩍 많이 읽는다고 고마워한다.

코로나19로 언택트 시대가 되자, 세상 사람들은 콘텐츠의 중요성을 너무 잘 알고 있으므로 훨씬 더 독서에 매진한다. 하지만 과연 설교자들은 어떠한가? 독서에 매진하는 설교자를 찾기가 쉽지 않다.

최근에 온라인상에서 젊은 설교자와 대화를 했다. 그 설교자가 자신의 독서습관에 관해 이야기했다.

"목사님! 저는 일주일에 책 두 권 전후 읽습니다."

자랑스러운 듯이 하는 말을 듣고 사실 답답함이 밀려왔다. 그가 설교자라면 그것은 당연하기 때문이다.

가수 나훈아씨가 '2020 한가위 대 기획 대한민국 어게인 나훈아 콘서트'를 했다. 온 국민이 열광했다. 그가 15년 만에 방송에 출연해서 이렇게 성공할지는 누구도 몰랐을 것이다. 콘서트 다음 날 페이스북은 나훈아 이야기로 도배될 정도였다. 신드롬과 같은 반응이 나올 수 있었던 것은 그의 실력이 여전히 출중하고 탁월했기 때문이다. 그의 실력은 다름 아닌 그의 독서량에서 나온 것이다. 나중에 들어보니 그는 엄청 책을 많이 읽는다고 한다.

자! 그러면 설교자로서, 당신의 독서량은 어떠한가?

목사님을 만난 뒤 독서하기 시작했다

"목사님을 만난 뒤 독서하기 시작했습니다."

아트설교연구원 대다수 회원이 하는 고백이다. 덧붙여, 독서를 함으로 행복한 목회를 하고 있다고 고백한다.

내가 수업 중에 자주 하는 질문이 있다.

"이번 주, 책 몇 권 읽었습니까?"

질문을 끊임없이 던지지만, 독서를 하지 않는 경향이 짙다. 회원들에게 요청하는 독서량은 일주일에 4권이다. 많은 회원이 일주일에 2권에서 3권을 읽는다.

목회는 독서가 그 중심에 있다. 그러므로 독서함으로 목회해야 한다. 나는 하나님께 감사한다. 나를 만난 뒤 많은 설교자가 독서를 시작하고 독서를 통해 얻는 기쁨을 이야기하기 때문이다. 하지만 처음 만나는 설교자들은 여전히 "목회나 하지 무슨 독서를 이야기하는가?"라고 말했다.

솔직히 나도 예전에는 이런 생각으로 가득 찼었다. 그래서 한 선배 목회자분이 내게 "목회는 독서야!"라고 했을 때 "목회는 기도와 전도입니다. 선배님이나 열심히 독서하세요"라고 대답했었다.

지금도 이 생각만 하면 창피해서 고개를 들 수가 없다.

회원들이 나를 만난 뒤, 독서를 한다는 말을 들을 때마다 뿌듯하다. 하지만 독서가 목회에 도움이 된다는 말을 들을 때는 좀 화가 난다. 나는 설교자는 독서가 자체여야 한다고 생각하기 때문이다.

나의 생각은 이렇다.

"독서가 목회다."

하지만 여전히 책을 가까이하는 것과 목회는 무관하다고 생각하는 분위기가 강하다. 그래서 나는 고민한다.

"독서를 천시하는 분위기는 언제가 되면 깨질까?", "설교자에게 독서하는 분위기는 언제 즈음이면 조성될까?", "독서가 목회라는 등식은 만들어질 수 있을까?"

나는 또한 소망한다. 나를 만난 뒤 설교자들이 독서하기 때문이다. 독서는 목회의 시작점이다. 그것을 알게 되는 설교자들이 점점 많아지기를 소망하고 있다.

독서가 목회다

"독서가 목회다!" 그리고 "독서가 설교다!"

독서하지 않고는 설교자다운 설교자가 될 수 없다고 생각하기 때문이다.

독서를 하면서 깨달아진 것이 있다. 그것은 교인들이 좋아하는 설교, 혹은 설교자들은 모두 독서가인 설교자들이라는 것이다.

20세기 대부흥사인 빌리 그레이엄(Billy Graham) 목사가 은퇴한 뒤 목회를 회고하면서 이런 말을 했다.

첫째, 자신이 했던 것보다 세 배는 더 공부하겠다.

둘째, 그동안 너무 많이 설교하고 너무 적게 공부했다.

셋째, 더 기도하겠다.

그는 세 배 더 공부하겠다고 했다. 이는 곧 독서를 세 배 더 하겠다는 뜻이다.

최고의 설교자로 평가받는 찰스 스펄전(Charles Haddon Spurgeon)과 마틴 로이드 존스(Martyn Lloyd Jones)목사의 힘 있고 감동적인 설교는 그들의 놀라운 독서에 의해 이루어졌다. 우리 시대 젊은 설교자들이 좋아하는 옥한흠 목사도 독서를 많이 한 것으로 유명하다.

일주일에 6권 이상 독서를 한 스펄전 목사는 독서에 대해 이런 말을 하였다. 설교자들은 가슴에 새겨야 한다.

"책을 열심히 읽어라. 다른 사람의 책을 읽지 않는 사람의 글은 다른 사람들이 읽지 않는다. 다른 사람의 글을 인용하지 않는 사람의 글은 다른 사람이 인용하지 않는다. 다른 사람의 두뇌에서 나온 생각을 사용하지 않는 사람은 자신의 두뇌가 없다는 사실을 입증하는 꼴이 된다. 읽어야 한다."

그는 이에 그치지 않고 경고까지 한다.

"공부에 더이상 씨를 뿌리지 않는 사람은 더이상 거두지 못할 것이다"

로이드 존스 목사도 독서를 통해 설교 사역을 감당했다. 그가 웨일즈의 아베라본에서 목회사역을 할 때 책이 어느 정도 많았는지, 서재의 천장까지 책으로 가득 차 있었다고 한다. 독서는 그의 삶의 일부였다고 가족들은 말한다.

감리교 창시자 요한 웨슬리(John Wesley)도 독서하는 목사였다. 그는 책을 읽거나 쓰지 않으면 행복한 기분이 될 수 없었다고 한다. 특히 그는 대부분의 독서를 말 위에서 한 독특한 이력을 지니고 있다. 그것은 그가 사역을 위해 쉴 새 없이 말을 타고 이동을 했기 때문이다. 그는 "책을 읽기 싫다면 목회사가 되지 말라는 말도 했다"고 전해진다.

그는 독서에 대해서 이렇게 강조했다.

"매일 오전 동안은 독서만 해야 한다. 아니면 적어도 하루 중 5시간 이상은 독서를 해야 한다."

산본교회 이상갑 목사도 새벽부터 오전 11시 30분까지는 어떤 일이 있어도 독서를 하고 글을 쓴다고 한다. 그가 오전에 꼭 책을 읽는 것은 독서에 삶과 목회에 대한 답이 있다고 확신하기 때문이다.

설교자는 독서하는 모습을 보여주어야 한다. 독서가 설교자에게 전부라 해도 과언이 아니기 때문이다.

10년 독서계획을 세워라

'빛과 물'
농작물이 살기 위해서 반드시 필요하다.
'독서'

설교자가 설교와 목회하기 위해 반드시 필요하다.

코로나19로 인해 문을 닫는 가게들이 많다. 교회도 문을 닫는 곳이 점차 늘고 있다. 주위에 교회 문 닫았다는 이야기가 들린다. 그렇다면 교회는 생존을 위해 몸부림쳐야 한다.

코로나19 이후에 한국 교회는 부흥이 아니라 생존에 그 초점이 맞춰져 있게 된다. 생존하려면 죽기 살기로 버텨야 한다. 버티는 무기를 목회 프로그램이 아니라 콘텐츠를 만드는 힘이 되는 독서에서 찾아야 한다. 독서가 생존의 독서에 머물면 안 된다. 세상의 등불이 되는 독서를 해야 한다. 그러려면 독서계획을 세움은 물론 독서를 실천해야 한다. 그때 교회가 생존을 넘어 세상에 빛과 소금의 역할을 감당할 수 있다.

설교자의 독서계획, 기간을 어느 정도로 정해야 하는가?

"10년 계획을 세워야 한다."

10년 독서하는 것은 어렵다. 하다가 도중 포기가 속출할 세월이다. 그럴지라도 최소한 계획만큼은 세워야 한다. 10년 계획을 말하는 것은 평생 독서하며 목회를 해야 한다는 의미이다.

조선일보 기자 최원석이 『일본 초격차 기업의 3가지 원칙』에서 세 가지를 이야기한다.

첫째, 당연한 것을 하기.

둘째, 멈추지 않기.

셋째, 제대로 하기.

그는 특히 셋째, '제대로 하기'에서 제대로 하려면 30년 계획을 세우라고 한다. 기업도 30년 계획을 세운다. 생명을 다루는 설교자에게 10년 독서 계획은 당연지사다.

최근 초격차(超格差)라는 말이 회자되고 있다. 초격차는 삼성전자에서 반도체 신화를 이룬 일등 공신이며, 회장 자리까지 오른 입지전적의 인물인 권오현 회장의 책을 통해 유명해졌다. 여기 초격차란 그 뜻이 '넘볼 수 없는 차이를 만드는 것'과 '넘볼 수 없는 1위가 된다'라는 의미다. 많은 기업이 초격차를 벌리고 싶어 한다. 사람도 초격차를 벌리고 싶어 한다.

초격차를 벌리려면 한 가지 조건이 있다. '혁신'이다. 혁신하지 않으면 초격차는 고사하고 생존도 어렵다.

혁신의 출발은 다름 아닌 독서이다. 독서 한두 권으로 되지 않는다. 한두 해도 가능성이 희박하다. 적어도 10년 계획 아래 이룰 수 있다.

최악의 상황을 앞에 둔 것은 10년 독서계획을 세우라는 사인이다

우리나라의 현대중공업, 대우조선해양, 삼성중공업이 카타르에서 약 23조 6,000억 원 규모의 액화천연가스(LNG) 운반선 건조 협약을 체결했다. 이 체결을 보고 서울대 조선해양공학과 김용한 교수는 기뻐하기보다는 안타까움을 표현했다.

그는 중국은 매년 10,000명씩 인재를 키우며 우리나라를 쫓아올 준비를 하고 있는데 우리나라는 중국에 비해 턱없이 준비하지 않기 때문이다. 우리나라는 관련 학과 정원이 1,100명에 불과하다. 이는 중국의 10분의 1 수준에 그친다. 이 말은 중국의 조선업 기술인재 양성 규모는 한국의 10배 수준이라는 말이다.

김용한 교수는 덧붙여 이런 말을 한다.

"과거 LNG 선박 건조 절대강자였던 일본을 현재는 한국이 압도적으로 제치고 있는 것처럼 중국도 활발한 인재 양성을 통해 같은 꿈을 꾸고 있을 것이다."

우리나라의 연구와 교수진 수도 중국에 크게 밀린다. 조선 분야에서 서울대와 경쟁하는 상하이교통대학 조선해양 교수가 약 100명에 달하는데, 서울대는 14명에 불과하다. 이런 상황에서 우리나라의 조선업의 미래는 불투명할 수밖에 없다.

우리나라 조선업은 세계 1위다. 우리나라 조선업계는 2020년 7월 이어 8월에도 세계 선박 수주 1위를 기록했다. 2018년도 상반기에는 3년 만에 중국을 제치고 수주 1위를 기록했다. 영국의 조선·해운 분석기관 클락슨 리서치에 따르면 2018년 상반기 전 세계 선박 발주량 총 1천234만CGT(표준화물선 환산톤수·441척) 가운데 한국이 40%에 해당하는 496만CGT(115척)를 수주하며 점유율 1위를 기록했다.

코로나19로 교회가 큰 타격을 입었다. 이미 많은 부분 타격을 받은 부분이 있지만, 코로나 19는 그것이 극명하게 드러나게 되었다. 교회는 최악의 상황에 놓여 있다. 최악의 상황에 놓이니 교인과 재정 그리고 교회의 미래가 비관적이다. 그렇다면 설교자는 최악을 최고로 만들기 위해 세상 리더글이 했던 방법대로 10년 독서계획을 세워야 한다.

국가, 기업뿐만 아니라 미래를 책임지고 헤쳐나려고 하는 개인도 모두 장기계획을 세우고자 해야 한다. 하물며 영혼을 살리는 교회가 장기계획을 세우는 것은 마땅하다.

평생 독서계획을 세워라

설교자는 평생 독서해야 한다. 나는 죽기 전까지 독서하려고 한다. 그러다 보니 평생 독서계획을 세우게 되고 그 계획에 따라 독서를 하고 있다.

크리에이티브 김병완은 『나를 키우는 평생 독서』에서 단계별로 실천하는 평생 독서를 이야기한다.

10대: 플레이 독서법/ 책과 함께 뛰어논다.

20대: 청춘의 독서법/ 폭넓은 독서로 미지의 세계를 탐험한다.

30대: 48분 독서법/ 하루 48분을 투자한다.

40대: 삼복사온 독서법/ 깊이 읽고 스케일을 키운다.

50대: 초서 독서법/ 쓰면서 읽는다.

60대: 의식 독서법/ 정신을 모아 독서한다.

꼭 김병완과 같은 방식으로 하라는 말이 아니다. 자신을 키우는 평생 독서 계획을 세워야 한다는 말이다. 나도 나만의 평생 독서계획이 있다. 나는 50대부터 독서를 했기에 50대부터 계획을 세웠다.

50대: 지속 독서법/ 인생의 답이 나오기까지 독서를 한다.

60대: 성숙 독서법/ 독서를 통해 사람다운 사람이 되도록 성숙을 추구한다.

70대: 함께 하는 독서법/ 다른 사람과 독서를 함께 한다.

80대: 행복 독서법/ 행복한 삶을 무기로 만든다.

90대: 만족 독서법/ 인생이 후회를 남기지 않도록 독서하다가 죽는다.

독서계획은 독서에 대한 동기를 불러일으키기 때문에 중요하다.

사람마다 성공의 정의는 다르다. 나에게 성공적인 삶이란 계획성 있게 사는 삶이다. 즉 자신이 그린 그림대로 사는 삶이다.

설교자는 매 주일 하나님께서 부여하신 스케줄에 따라 설교를 한다. 그 설교에 대한 자신의 생각, 계획에 대한 그림이 있어야 한다. 그래야 하나님의 스케줄에 맞춰 살 수 있다.

"생각하는 대로 살지 않으면 사는 대로 생각하게 된다."

이 말은 프랑스의 시인이자 비평가인 폴 발레리(Paul Valery)가 한 말이다.

그럼 우리는 어떻게 살고 있는가?

설교자는 하나님의 생각대로, 즉 말씀대로 살아야 한다. 그렇지 않으면 왜 이 일을 해야 하는가 원망하면서 일을 하게 된다. 마치 요나처럼 말이다.

지금도 늦지 않았다. 평생 독서계획을 세워야 한다. 평생이 안 되면 5년 독서계획이라도 세워야 한다. 그럴 때 성공적인 삶을 살 수 있다.

성공도 독서량에 정비례한다

"사람의 성공은 독서량이 정비례한다."

3만 권이 넘는 책을 읽었으며 『독서의 이노베이션』을 쓴 소설가 정을병 선생이 독서에 대해 한 말이다.

그는 사람의 성공은 독서량에 정비례한다고 한다.

『인문학은 성경을 어떻게 만나는가 - 텍스트로 콘텍스트를 사는 사람들에게』의 저자인 박양규 목사는 교회 교육에 남다른 연구 성과가 있다. 더 나아가 한국 교회 교육의 대안까지도 제시하고 있다. 그가 시대를 담아내는 교회 교육의 연구자가 될 수 있었던 것은 3년 동안 2,000권을 독서했기에 가능했다. 그가 지금 시점에 맞게 미래의 교회 교육 비전을 제시할 수 있는 성공을 거두었다고 나는 생각한다. 이는 그의 엄청난 독서량 덕분이다.

설교자는 들려지는 설교를 하고자 한다. 들려지는 설교도 성경 해석력보다는 독서량에 정비례한다. 그러므로 독서를 해야 한다. 설교는 독서와 정비례하기 때문이다.

누구나 인정하는 것이 있다. 책을 많이 읽은 사람은 읽은 만큼 자신이 하는 일에 결실을 맺는다.

　우리나라는 아직 학문적인 노벨상 수상자가 없다. 그에 비해 이웃나라 일본은 2019년 기준 일본 국적 수상자가 무려 25명이다. 중국도 5명에 달한다. 무엇이 이 격차를 만들었다고 생각하는가? 바로 독서량이다.

　미국 문학평론가 마이틸리 라오(Mythili Rao)는 2015년 뉴요커 온라인판에 '한국 작가는 정부의 적극적인 지원으로 노벨문학상을 탈 수 있을까?'라는 제목의 칼럼을 게재했다. 그는 그 칼럼에서 이런 말을 했다. "한국인들은 책도 읽지 않으면서 노벨문학상을 원한다."

　그러면서 "한국의 식자율(글을 읽고 쓸 줄 아는 비율)이 98%에 달하고 출판사들은 매년 4만 권의 새 책을 내놓지만, 30개 상위 선진국 가운데 국민 한 명당 독서시간이 가장 적은 나라가 바로 한국"이라고 독설했다. 2015년 UN에서 한 조사에 따르면 한국인의 독서량은 192개국 중에서 166위였다.

　우리나라 국민이 독서가 뒤따르지 않으면 노벨상은 언감생심(焉敢生心)이다. 그러므로 당장 독서꽝이 아니라 독서광이 되어야 한다. 더 나아가 세계에서 가장 독서를 많이 하는 독서왕이 되어야 한다.

2

설교에 활용할 수 있는 독서를 하라

당신의 독서는 설교에 활용되는가?

"독서한 내용을 어떻게 설교에 활용할 수 있나요?"

회원들로부터 종종 받는 질문이다.

아트설교연구원에서 공부를 시작한 뒤 몇 개월이 지나면 위의 질문을 하기 시작한다. 독서는 하는데, 정작 설교에 적용되지 않기 때문이다.

최근에 한 회원이 이런 말을 했다.

"책을 읽음으로 설교가 가능해져요."

『문학은 어떻게 신앙을 더 깊게 만드는가』의 이정일 목사는 사석에서 이런 말을 했다.

"문학 작품을 읽으면서 한 편의 설교를 만들어낸다."

즉 설교는 책의 도움을 받는 것이 중요하다는 것을 강조한 말이다.

유튜브 설교의 시대에 조회 수가 가장 많은 분당우리교회 이찬수 목사는 책 언급을 자주 한다. 이는 책의 도움을 많이 받고 있다는 이야기다. 설교자는 책의 도움을 받아야 한다. 하지만 많은 설교자는 책은 읽지만, 설교와 연결되지 않는다고 고백한다.

이럴 때마다 해주는 말이 있다.

"더 많은 지식을 축적해야 합니다."

이 말이 어떤 설교자에게는 이해되지 않는 말일 수도 있다. 예전에 나 또한 읽은 책과 설교가 별개였었다. 하지만 독서의 양이 채워지고 나니 책과 설교가 짝을 이루기 시작했다. 설교자는 독서가 설교와 연결되어야 한다. 연결이 안 된다면 더 많은 지식을 축적해야 한다.

"당신은 독서가 설교와 연결이 되는가?"

각자에게 질문하고 그 답을 얻어야 할 것이다.

수준을 어느 정도 올려야 하는가?

사람마다 독서 수준이 천차만별이다. 독서 수준은 스스로 판단이 가능하다. 한 달에 한 권 정도 읽는다면 독서 수준을 5배 이상 올려야 한다. 일주일에 한 권 정도 읽는다면 4배 이상 올려야 한다.

중요한 것은 독서가 설교에 활용될 수 있는 임계점은 사람마다 다르다는 것이다. 나는 독서를 본격적으로 하기 시작한 지천명 나이까지 그동안 독서 한 것이 설교에 활용한 적이 거의 없다. 그저 다른 설교자의 설교집을 참고해서 설교를 했기에 독서하며 설교하지 않았다. 독서가 설교에 활용되려면 버크셔 해서웨이 CEO인 워런 버핏(Warren Buffett)의 말이 참고될 것이다. 그는 이렇게 말한다. "한 분야의 전문가가 되려면 다른 사람보다 5배 더 책을 읽어야 한다." 설교자는 설교 전문가이다. 따라서 다른 사람보다 5배 더 책을 읽어야 한다.

나는 본격적으로 독서하기 시작한 뒤 8개월이 지나고 나서야 비로소 설교에 접목될 수 있었다. 독서와 설교의 접목에 대해서 생각나는 에피소드가 있다. 아트설교연구원 오픈 세미나에 참석한 DECORUM(데코룸) 연구소 소장인 이재영 목사는 세미나가 끝난 후 나를 터미널까지 태워다 주면서 이런 질문을 했다.

"목사님, 저도 독서를 하는데, 그것이 설교에 딱 연결이 안 돼요. 왜 그러는 걸까요? 이유를 모르겠어요"

"지적 실력이 부족해서 그렇습니다."

현실적인 대답을 해줄 수밖에 없었다. 물론 기분이 나빴을 수도 있고, 재수 없다고 여겼을 수도 있다. 하지만 정확하게 대답을 해야 했다. 이후 그는 아트설교연구원에서 공부를 시작했다.

아트설교연구원에서는 매주 책 한 권을 요약하게 한다. 책 한 권 요약은 물론 매주 4권의 책 읽기를 강요받는다. 그는 성실하게 독서하고 과제도 충실하게 해냈다. 그렇게 6개월의 시간이 흐른 어느 날 수업이 끝난 후 나에게 이렇게 말했다.

"목사님! 이제는 독서가 설교에 활용이 됩니다."

그때 내가 이렇게 말해주었다.

"지적 실력이 향상되었기 때문입니다."

이런 이야기는 아트설교연구원 회원이 되면 숱하게 나오는 얘기다. 다시 말한다. 임계점은 사람마다 다르다. 따라서 그 지점에 닿을 때까지 꾸준히 독서를 해야 한다.

일상이 설교에 활용되어야 한다

일상이 중요하다는 말을 많이 한다. 일상을 어떻게 보내느냐에 따라서 삶이 결정되기 때문이다. 설교자도 일상이 중요하다. 일상을 어떻게 사느냐에 따라 설교가 달라지기 때문이다. 설교는 삶이다. 일상의 삶이 곧 설교가 되기 때문이다.

설교자의 일상은 설교와 연결되어야 한다. 설교자의 일상이 설교와 연결되려면 두 가지를 갖춰야 한다.

첫째, 지적인 성장이 이루어져야 한다. 지적 성장과 일상, 설교가 무슨 연관이 있는가 생각할 수 있다. 신중하지 못한 생각이다. 이 세 가지는 아주 밀접하다. 지적인 성장이 일어나는 만큼 일상의 모든 것에 민감해지고 작은 것에서도 깊은 뜻을 발견할 수 있기 때문이다.

둘째, 영적으로 민감해야 한다. 즉 하나님과의 관계가 친밀해야 한다. 하나님과 관계가 친밀하지 않으면 일상과 설교는 별개가 되기 쉽다. 유심히 관찰한 것을 설교에 접목해야 하는데 영적이지 않다면 무심히 지나치게 된다.

설교자는 일상을 설교의 재료로 삼아야 한다. 만약 일상의 삶에서 설교 재료를 발견할 수 없다면 설교와 삶은 별개의 것이 된다. 설교는 지식의 나열에 불과할 뿐이다. 설교자는 풀 한 포기, 스쳐 지나간 사람을 통해서도 설교 재료를 찾을 수 있어야 한다.

독서가 일상이 되게 하라

설교자는 일상에서 독서와 한 몸인 것처럼 움직여야 한다. 일상과 하나 되지 못한 독서는 설교와 연결할 수 없다.

미국의 16대 대통령인 에이브러햄 링컨(Abraham Lincoln)은 독서의 영향력에 대해서 한 말이 있다.

"책 두 권 읽은 사람이 책 한 권 읽은 사람을 지배한다."

하버드대학교 교수인 마이클 샌델(Michael Sandel)은 『공정하다는 착각』에서 이런 말을 한다.

"오바마의 임기 내내 고급 학력에 대한 선호는 이어졌다. 두 번째 임기 중반 무렵, 그의 내각 구성원 중 3분의 2는 아이비리그 출신이었다. 21명 중 13명은 하버드 또는 예일 졸업자였으며 대학원 학위가 없는 사람은 세 명뿐이었다." 그리고 "대학을 졸업한 30%가 나머지 70%의 사람들을 지배한다"라고 했다.

책을 많이 읽은 사람이 세상을 이끈다. 이런 말들은 책의 영향력은 우리가 생각하는 것보다 훨씬 크다는 것을 의미한다.

북송의 학자 황산곡(黃山谷)도 이런 말을 했다.

"선비는 나흘 동안 책을 읽지 않으면 스스로 깨달을 언어가 무의미하고 거울에 비친 자신의 얼굴을 바라보기가 가증스럽다."

세상 학문을 공부하던 학자도 독서하지 않으면 깨달음이 무의미하고, 심지어 가증스럽다고 했다. 그렇다면 영적 리더인 설교자는 더욱 독서해야 하지 않겠는가? 설교자는 독서가 일상이 되어야 한다. 기도 시간만큼 하나님의 책과 사람의 책이 일상속에 스며들어 있어야 한다.

3

독서 모임을 활성화하라

독서 모임을 적극 활용하라

독서를 했다면 독서 토론을 통해 독서가 삶의 일부분이 되도록 독서 토론에 참여해야 한다. 독서 토로에 참여할 때, 저자의 의도 뿐만 아니라 다양한 관점으로 책을 소화하게 된다. 만약 저자의 의도를 잘못 파악했다면 바로 잡을 기회는 물론 왜곡되거나 편협한 사고를 깰 수 있다.

대부분의 사람은 오랫동안 한 분야를 연구하면 사고가 깊어지고 넓어질 것으로 생각한다. 도리어 자기 세계에 빠져 경직된 사고를 할 확률이 높다. 자기만의 경직된 사고를 방지를 통해 유연한 사고를 하기 위해 독서 토론을 해야 한다.

제자 중 한 명이 도쿄에서 특파원 생활을 하면서 일본의 저력이 독서에 있음을 발견했다. 그가 일본에서 특파원 생활을 시작하자마자 일본 기자가 자신에게 찾아와 관심 분야가 무엇인지 물었다. 제자가 자신의 관심 분야를 말했더니, 그럼 함께 그 분야의 책을 읽고 토론하자고 했단다. 일본은 이런 독서 토론 모임이 활발함을 통해 저력을 느낄 수 있었다고 한다.

설교자들의 독서 모임이 활발하다. 세상과 비교하면 미풍 정도이다. 독서 모임이나 독서 토론이 설교자들에게 가장 많아야 한다고 생각한다. 설교자를 가르치면서 확인한 바는 설교자들에게 활성화된 모임은 운동이거나 친목 도모이다. 예전에 나도 주일 예배를 마치면 몇몇 가정이 모여 친교를 하는 모임을 가졌다. 몇 년간 지속된 이 모임에서 간혹 성경 이야기를 한 적이 있지만, 독서에 대해서 나눈 기억은 전혀 없다.

독서 모임과 독서 토론에 적극적으로 참여해야 한다. 그리고 독서 모임에 균형이 있어야 한다. 신학 독서 모임만 아니라 인문학 독서 모임까지 해야 한다. 10년 이상 설교를 한 설교자는 신학 도서와 인문학 도서가 균형을 이루어야 하기 때문이다. 그럴 때 청중의 생각과 마음 읽기를 한 발 더 다가갈 수 있다.

독서 모임은 만족감이 높아야 한다

독서 모임을 이끄는 리더는 참여자에게 독서 모임을 통한 만족감을 높이기 위해 노력해야 한다. 나도 한때 다니던 독서 모임을 얼마 하지 않고 그만두었다. 그 이유는 그 모임을 통한 만족감이 부족했기 때문이다

목사들은 모임이 아주 많다. 시찰회(지방회), 노회, 노회 교역자회, 지역 목회자 모임 등 매우 활발하다. 그 밖에도 동기 모임, 친구 모임, 작은 여러 모임 등 헤아릴 수 없다. 이런 모임들이 중요하다. 하지만 교인들을 위해 하나님의 말씀인 설교를 전하고자 한다면 어떤 모임보다 독서 모임이 더 중요하다.

아트설교연구원도 모임의 첫 시간을 읽은 책을 토론하고 나눈다. 경험으로는, 읽은 책의 느낌만 나누어도 모임의 만족도는 훨씬 높아진다. 그래서일까? 회원들이 종종 이런 말을 한다.

"아트설교연구원은 책 소개와 토론만으로도 회비 값을 하고도 남습니다."

독서 모임이 지속되려면 독서 모임이 만족도가 높아야 한다. 그럴 때 기다려지는 모임, 행복한 모임, 하나님의 은혜가 넘치는 모임이 된다.

신학과 인문학의 비중은?

앞에서도 이야기했듯이 신학과 인문학 독서가 균형을 이루어야 한다. 설교자들은 주로 신학책을 읽는다. 설교자는 신학과 인문학책을 균형을 이루도록 읽어야 한다.

아트설교연구원은 독서 나눔을 하는 독서의 비중을 신학책 3과 인문학책 7의 비율정도로 하고 있다. 인문학의 비율을 높인 이유는 세 가지다. 하나는 전에 신학책을 많이 읽었기 때문이다. 또 다른 하나는 인문학책을 통해 비판적 사고, 사고력 확장과 문제해결 능력, 폭넓은 식견과 안목, 세상을 향한 통찰력을 얻기 위함이다. 마지막으로, 폐쇄적인 지적 독선에 빠지지 않도록 하기 위함이다.

교회에 인문학 독서 모임이 활성화될 필요성이 농후하다

우리나라 교회는 성경공부 모임은 매우 활성화가 되어 있다. 제자훈련, 일대일 양육공부, 각종 교리와 성경 인물 등 그 종류만 해도 헤아릴 수 없다. 이 외의 독서 모임은 거의 찾아보기 힘들다. 지금까지 교회사역을 하면서 독서 모임을 하는 곳을 거의 본 적이 없다. 그때까지 교회에서 독서 모임이 장려되는 분위기도 아니었다.

교회에서 인문학 독서 모임은 생각조차 하지 않는 분위기다. 교회는 인본주의라고 규정하는 산물인 인문학을 공부한다는 것 자체를 받아들이지 못한다. 이는 신앙 성장을 방해한다고 생각하기 때문이다.

교회는 독서 모임이 활성화되어야 한다. 특히 인문학 독서 모임도 활성화되어야 한다. 인문학 독서 모임이 활성화되어야 이유는 사람 이해, 세상 이해. 교양이 향상되어야 하기 때문이다. 사실, 교인은 세상 사람보다 교양 있는 사람이어야 된다. 하지만 많이 뒤쳐져 있다. 심지어는 세상보다 교양이 뒤처져 있다는 것도 모르는 것 같다. 그 이유를 인문학 독서를 하지 않음에서 찾아야 한다.

교양은 인문학에 대한 소양으로부터 나온다. 따라서 교회는 성경공부뿐만 아니라 인문학 독서를 신앙 안에서 장려해야 한다.

독서 모임은 신앙 성장에 촉진제가 된다

독서 모임이 활성화되어야 또 다른 이유는 신앙 성장에 촉진제와 같은 역할을 하기 때문이다. 한 교회에서 나의 책인 『이기는 독서』, 『독서꽝에서 독서광으로』를 읽고 독서 모임을 시작했다. 독서 모임을 시작한 후 전 교인이 신앙 성장이 눈에 띄게 일어났다. 특히, 20대 청년의 신앙 성장은 놀라웠다. 여러 가지로 어려웠던 교회가 평안해짐을 물론 든든히 서가고 있다.

독서 모임은 지적인 성장에 도움을 준다. 교인들의 신앙 성장에 큰 도움을 준다. 공동체를 단단하게 결속시켜준다.

많은 교회는 성경공부, 제자훈련 만이 교인 신앙 성장에 도움이 되거나 교회의 영적 분위기에 활력이 된다고 생각한다. 이는 근시안적인 생각이다. 독서 모임도 신앙과 교회의 영적 분위기를 좋게 만드는 데 일조를 한다. 21세기 교회는 성경공부, 제자훈련, 독서(경건 서적, 인문학 서적) 모임도 병행해야 한다. 그럴 때 교회는 큰 것을 담아낼 수 있는 교회, 균형 있는 교회, 수준 높은 교양을 지닌 교회가 된다.

교인들은 성경을 읽다가 궁금한 점이 있으면 목회자에게 묻는다. 당연하다. 혼자 생각하다가 잘못된 생각으로 귀결될 수 있기 때문이다. 독서 모임이 활성화 되면 신앙적인 의문을 해결할 수 있음을 물론, 독서 모임 공동체에서 건강한 신앙 성장에 도움을 받게 된다. 결국, 독서 모임은 교인과 교회 그리고 한국 교회를 건강하게 만들어주는 데 한 축을 감당하게 도와준다.

아트설교연구원 모임의 첫 시간을 독서 토론 시간으로 할애한다. 이는 독서를 통해 얻은 유익이 값지게 드러나고 있기 때문이다. 신학책을 통해서는 성경적 세계관을 확립하고 지적인 지평을 넓히는 데 도움을 받았다. 인문학책을 통해서는 설교에 눈을 뜨게 되었고 설교 글쓰기를 배울 수 있었다. 그리고 세상에 대한 이해 폭과 사람에 대한 폭넓은 이해력과 통찰력, 포용력을 얻었다.

개인과 교회, 한국 교회에 독서 모임이 신앙 성장과 교회를 건강하게 세우는 데 큰 도움이 된다. 그렇다면 교회들은 성경공부, 제자훈련과 함께 독서 모임까지 활성화시켜야 한다.

독서 모임을 하면, 교인들이 책을 읽는 통로가 된다. 최근에 어떤 설교자와 대화할 기회가 있었다. 조금 대화하다가 느낀 것은 책을 읽지 않는다는 것이었다. 물어보니 사역에 시간을 많이 할애하느라 책을 거의 읽지 못하고 있었다. 설교자가 책을 읽지 않으면 교인도 책을 읽지 않을 확률이 높아진다. 그럼 세상 사람보다 교양 수준이 뒤떨어진다. 그 결과 낮은 시민의식으로 살아 교회 품격을 떨어뜨린다.

교인들이 유튜브나 인터넷에서 잘못된 정보를 습득하는 것을 자주 목격한다. 얼마 전에는 어떤 교인이 유튜브를 통해 잘못된 정보를 습득하고는 그 정보가 맞는 것이라고 우기는 것을 보았다. 이는 지식이 편중되어 있기 때문이다. 지식이 신학과 인문학으로 균형 잡혀 있으면 잘못된 정보를 거를 수 있는 능력이 생긴다.

21세기 교회에 독서 모임이 필수다. 언택트 시대에는 온라인 독서 모임도 필수다. 지인 중 온라인으로 독서 모임을 한다. 그는 온라인 독서 모임의 장점과 신앙 성장에 큰 도움이 된다고 자랑을 했다. 페이스북상에서도 온라인 독서 모임을 하려는 움직임을 엿볼 수 있다. 최근에 어떤 설교자자 온라인 독서 모임을 만들어주면 좋겠다고 제안하기까지 했다.

독서 모임은 코로나19 이후 반드시 해야 할 시대의 흐름이기도 하다. 세상은 독서 모임이 아주 활발하다. 아들도 독서 모임을 일주일에 두 개 이상 한다. 어떤 독서 모임은 회비도 비싸게 받으며 자기들만의 커뮤니티도 형성하니 모임에 참여하려고 줄을 선단다. 이런 흐름 속에 교회의 역할 중 하나가 독서 모임의 활성화다.

독서 모임은 마스터마인드 그룹이 되게 한다

'마스터마인드 그룹'이라는 개념이 있다. 1940년대에 동기부여전문가인 나폴레온 힐(Napoleon Hill)이 『놓치고 싶지 않은 나의 꿈, 나의 인생』에서 주창한 개념이다. 이 그룹은 3-7명이 정기적으로 모여 아이디어와 정보를 교환하고 토론을 벌이며 서로를 격려하고 자극하는 모임이다.

그룹의 목적은 그룹의 모든 사람이 서로를 격려하고 도와주는 것이다. '마스터마인드 그룹' 대부분은 한 달에 한 번씩 모이고, 서로에게 충고와 도움을 요청한다. 그룹에 참여하는 것은 그 안에서 의욕적인 사람들을 만나면 당신의 동기 부여 수준도 올라가게 되며, 당신은 격려와 도움을 받게 되기 때문이다.

독서 모임이 바로 '마스터마인드 그룹'과 같은 역할을 할 수 있다. 이보다 더 강력한 역할도 가능하다. 집단지성이 만들어지기 때문이다. 사람들은 집단지성을 통해 격려받고 힘을 얻는다. 이를 설교자들은 잘 모르는 것 같다. 예전처럼 교인을 무지하게 만드는 목회를 하는 시대는 이미 끝났다. 교회는 교인에게 '마스터마인드 그룹'과 같은 것을 제공 해주어야 한다.

예수님과 열두 제자도 하나의 '마스터마인드 그룹'이라고 할 수 있다. '마스터마인드 그룹'으로 형성되어 움직이다가 예수님께서 승천하셨을 때 기도하는 그룹으로 자연스럽게 전환되었다.

켄블랜차드컴퍼니 회장이자 매사추세츠 대학교 교수인 켄 블랜차드(Ken Blanchard)가 이런 말을 했다.

"우리 중 아무도 전부보다 똑똑할 수는 없다."

한 사람이 다수보다 똑똑할 수 없다. 그렇다면 교회가 다수의 집단지성을 만들기 위해서라도 독서 모임으로 활발하게 움직이도록 만들어주어야 한다.

4

독서 토론의 질이 독서 모임을 좌우한다

인도자를 훈련하라

교회는 독서 모임을 만들어 교인들이 참여하도록 유도해야 한다. 독서 모임을 만들 때 가장 신경 쓸 것이 리더이다. 독서 모임은 그 모임을 인도하는 리더가 어떤 사람이냐에 따라서 성패가 좌우되기 때문이다.

성경공부도 인도자가 중요하다. 제자훈련도 인도자가 중요하다. 마찬가지로 독서 모임도 인도자가 중요하다. 인도자에 따라 모임의 활성화, 교인들의 신앙 성장이 좌우된다.

교회의 독서 모임은 인도자의 남다른 책 사랑과 독서 모임 인도에 대한 훈련이 뒤따라주어야 한다. 더 나아가 독서 모임 인도자는 리드하려는 사람이 아니라 조정자여야 한다. 그가 모임을 주도적으로 리드하려고 하면 안 된다. 사회자로서, 조정자의 역할에 만족해야 한다.

삶은 관계가 중요하다. 마찬가지로 독서 모임 인도자도 참여자들과 관계를 잘 맺을 수 있어야 한다. 특히, 어느 한쪽으로 치우치지 않고 중심을 잘 잡아 균형을 이룰 수 있어야 한다. 특히, 교회 독서 모임의 인도자는 신앙과 삶 그리고 신학과 인문학에 균형이 잡혀 있는 사람이면 더욱 좋다.

인도자는 참여자보다 독서를 더 많이 하는 사람이어야 한다. 그럴 때, 토론할 책의 내용을 숙지한 뒤 인도함을 물론, 연관된 내용까지 알고 인도하게 된다.

독서 토론을 할 때 가장 좋은 인도자는 사실, 그 책의 저자이다. 이지성은 『리딩으로 리드하라』에서 55가지 '인문고전 독서법'을 제시한다. 첫째, 통독, 둘째, 정독, 셋째, 필사, 넷째, 자신만의 의견을 갖도록 함, 다섯째, 인문고전 전문가와 토론하기다.

고전뿐만 아니라 어떤 책이든 그 책의 전문가인 저자와 토론하는 것이 가장 좋다. 아트설교연구원 자매 연구소인 DECORUM(소장 이재영 목사)에서는 매달 저자의 강의와 질문 등으로 토론을 한다. 세미나를 통해 저자에게 배우는 것이 가장 효과적임을 지속해서 경험하고 있다.

독서 토론의 두 가지 방식

막상 독서 모임을 하고 싶은데 정작 걸리는 부분이 있다. 그것은 어떻게 토론을 해야 하는가? 다. 즉 독서 토론 방법이다.

나는 독서 토론을 할 때, 세 가지 방식으로 한다.

첫째, 발표자가 발제한 뒤 토론에 참여하게 하는 방법이다. 이 방법은 가장 일반적인 토론 방법이다.

둘째, 책에서 하나의 주제를 정해 독서를 토론하는 방법이다. 이 방식은 가장 쉬운 방식이지만 참여자가 그 주제에 대해서 최소한 여러 권의 책을 읽어야 한다는 부담감이 있다.

셋째, 배틀 형식으로 토론하는 방법이다. 이 토론하는 방법은 찬성 측과 반대 측으로 나눠 토론한다. 배틀 형식의 토론은 자기주장이 논리적으로 탄탄해질 수 있는 장점이 있다. 왜냐면 상대방의 허점을 파악해야 하고 반박할 수 있는 충분한 준비를 마련 해야 하기 때문이다. 또한, 상대방을 논리적으로 설득해야 하기 때문이다. 그 결과 이 방식이 효과가 가장 크다.

배틀 형식으로 토론을 하려면 다음의 다섯 가지를 갖춰야 한다.

첫째, 주제를 알아야 한다.

둘째, 자기가 주장하는 바를 완벽하게 준비해야 한다.

셋째, 상대방이 치고 들어올 예상 질문에 대한 답변을 준비해야 한다.

넷째, 상대방이 두 손을 들 수 있을 정도로 날카로운 질문을 준비할 수 있어야 한다.

다섯째, 상대방보다 더 많이 준비해 역공을 날릴 수 있어야 한다.

이 다섯 가지를 갖추기 위해서는 가장 중요한 것이 자료조사와 확실한 자기주장이다. 숭례문학당 당주인 신기수 외 3인의 『이젠, 함께 읽기다』에서는 독서 토론에 대해 아래와 같이 이야기한다.

"독서 토론은 찬반입장에 따라 자료조사, 설득적인 이슈 짚기, 토론을 위한 발제, 토론 과정에서의 질문, 중재, 조율 같은 리더십을 키우게 된다. 또한, 다른 사람과 의견을 공유하고, 책을 더 객관적으로 읽는 활동이다."

독서 토론은 활발해야 한다. 활발한 토론 시간을 통해 이해하지 못한 것도 이해할 수 있고, 스스로 가치 정립하는 데 도움을 준다. 마지막으로 자기만의 논리를 갖추는 것을 물론, 자기 삶의 철학과 세계관을 정립하게 해준다.

이런 토론 방식은 많은 준비가 필수적이다. 시간을 많이 투자한 만큼 시간이 토론이 진행되면서 지식 체계가 형성되며 더 나아가 자신을 만들어주는 인생관이 제대로 갖추게 해준다.

결판이 날 때까지 토론하라

독서 토론을 하면 결과가 도출된다. 토론하면 승자와 패자가 있지 않고 모두가 승자가 된다. 토론을 통해서 상상할 수 없는 것들을 배우고 깨닫는 것은 물론, 앞으로 살아가는 데 필요한 자양분을 공급받게 된다.

다산 장약용이 토론에 대해서 이런 말을 했다.

"메모하고 정리하라. 그리고 그 내용을 글로 써서 질문하고 토론하라."

그는 메모, 정리, 질문 그리고 마지막에 토론을 이야기했다. 그 이유는 공부는 토론을 통해 발전 함을 알았기 때문이다.

토론하다 보면 서로의 다른 생각들이 충돌할 수 있다. 토론할 때는 충돌을 두려워하지 말아야 한다. 도리어 충돌을 즐겨야 한다. 토론할 때는 논쟁점이 치열하게 부딪혀야 한다. 부딪힘을 통해 좁은 사고가 깨진다. 토론 중에 나의 체면과 상대방의 체면이 구겨질 수 있다. 이를 당연하게 받아들여야 한다. 체면을 살리려고 체면을 세워주려고 하면 안 된다. 그럼 체면에 가려 막상 토론 가운데 해야 할 말을 못 한다.

그래서 다산은 토론에 대해 이렇게 말했다.

"한쪽이 꺾일 때까지 토론하라."

감정이 상하면서까지 해선 안 되지만, 결판이 날 때까지 토론하라는 말이다. 자기의 의견이 반영되든 그렇지 않든 한쪽이 꺾일 때까지 토론하라는 것이다. 그럴 때 예상치 못한 창의적인 결과물이 나올 수 있다.

교회 내에 독서 토론이 활성화되어야 한다

독서 모임이란 이유 불문하고 토론으로까지 이어진다. 그럼 교회의 독서 모임은 꼭 그렇다고 말하기 곤란하다. '은혜'라는 것으로 덮으려 하는 경향이 강하기 때문이다. 그 결과 지적 토론이 잘 이루어지지 않는다. 교회 내 독서 토론에서는 은혜만 받으면 된다는 경향이 짙다. 그럼 더 이상 토론다운 토론이 진행되기 어렵다. 그럼 성장보다는 은혜로 마무리 된다. 교회의 독서 모임이기에 더 자신과 교회의 발전을 위해 토론까지 나아가야 한다.

독서토론을 해야 하는 큰 이유는 토론을 통해서 하나님을 더 깊이 알아가는 통로가 되기 때문이다. 그럼 교회가 하나님과 시대 앞에서 무엇을 해야 하는지 스스로 찾아가게 된다. 그럼 은혜를 넘어 사회적 책임과 의무까지 지려는 마음을 지니게 된다.

"흩어지면 죽고 뭉치면 산다"라는 말이 있다. 독서 토론을 하면 혼자서는 해결할 수 없는 것들을 해결 한다.

신기수의 『이젠 함께 읽기다』에서도 토론을 해야 할 이유를 이렇게 이야기한다.

"새로운 공공재 즉 공공용역을 창조할 수 있기 때문이다"

즉 토론을 통해 핵심에 더 깊이 접근하게 되고, 혼자 읽는 것보다 다양한 시각을 통해 창의적인 결과물이 도출된다. 그리고 공적 영역에까지 관심을 기울이게 된다.

코로나19 이후 함께 하지 않으면 안 되는 시대다. 홀로는 뭔가를 이루는 것이 힘든 시대다. 그렇다면 독서 모임이 오프라인은 물론 온라인으로까지 무한 확장해야 한다. 토론도 무한 확장을 위한 방법을 찾으려 해야 한다.

경영학의 대가인 피터 드러커(Peter Ferdinand Drucker)는 경영학자들의 책을 읽으며 페이스북 회원들과 온라인 독서 토론도 벌인다고 한다. 세상 리더들도 독서 토론을 활발히 한다면 교회리더인 설교자는 그들보다 더 독서 토론에 적극적이어야 한다. 이 땅의 수많은 설교자여!

금명간에 교회 내에 독서 토론모임을 만들어 보고, 설교자간에 독서 토론모임을 시작해야 한다. 그리고 깊이 있는 토론을 통해 하나님에 대한 지식, 삶의 의미와 에너지를 채워야 한다. 그 유익을 교인에게 그리고 세상에 나눠주어야 한다.

독서 토론, 유익이 크다

기쁨 채집가, 글 쓰고 말하는 사람. 전 경향신문 부국장 겸 선임기자였던 유인경은 『내일도 출근하는 딸에게』에서 이런 말을 한다.

"여성들은 수다 문화에는 익숙해 있지만 아직은 토론 문화나 회의 문화에는 약하다."

이 말은 설교자들도 마찬가지인 것 같다. 종종 설교자들이 모여서 잡담을 하는 시간보다 독서 토론을 하는 시간이 점점 많아진다면 어떻게 될까 상상해 본다. 설교자들이 독서 토론을 하지 않는 이유는 독서 토론이 주는 유익이 얼마나 큰지 잘 모르기 때문이다.

독서 토론의 유익은 아주 크다.

첫째, 알지 못했던 것을 알게 되는 이해력이 증진된다.

둘째, 나와 다른 것에 대한 포용력이 생긴다.

셋째, 올바른 독서습관으로 발전한다. 독서란 읽기, 쓰기, 토론하기까지이기 때문이다.

서상훈, 유현심, 양미연은『진짜 독서를 위한 ZINBOOK 독서토론』에서 이런 말을 한다.

"책과 사람을 통해 배우고, 질문과 토론을 통해 깨닫는다."

독서 토론을 통해 많은 것을 깨닫는 기회가 주어진다. 그러므로 독서 토론하는 것을 즐겨야 한다. 그는 연이어 토론의 유익을 일곱 가지로 나눠서 얘기한다.

첫째, 이해력 증진, 둘째, 사고력을 키워준다. 셋째, 표현력을 키워준다, 넷째, 논리력을 키워준다. 다섯째, 창의력 향상. 여섯째, 리더십. 일곱째, 올바른 독서습관과 태도 또한 길러준다.

이렇듯 토론은 혼자 독서하는 것으로 아직 개발되지 못하는 것들까지도 깨닫게 해주고 증진해준다.

독일 심리학자 헤르만 에빙하우스(Hermann Ebbinghaus)는 사람의 기억력의 한계를 설명한다. 그는 사람은 한 시간 지나면 50%, 하루 지나면 60%, 일주일이 지나면 70%, 한 달이 지나면 80% 잊어버린다고 했다.

이에 대한 대안이 있다면 바로 독서 토론이다. 토론하게 된 책 내용은 쉽게 잊히지 않는다. 왜냐면 토론을 위해서 책을 여러 번 읽고 저자의 의도를 알아내고자 생각하고 고민하게 되기 때문이다.

미국 시카고 대학교는 인문고전을 읽고 토론하기 시작하면서 비로소 일류대학교가 되었다. 이처럼 우리 설교자들도 토론 문화가 정착되어 세상을 리드하는 진정한 리더가 되고자 해야 한다. 그것이 하나님 나라를 세우는 일이다.

독서 토론이 나아가야 할 방향: 시대에 맞는 패러다임 창조

신기수의 『이젠, 함께 읽기다』에서 독서 토론의 논제를 이렇게 말한다.

"이제 독서는 힐링이나 자기 계발 차원에서 머물던 수동적인 독서에서 자기 성찰과 토론을 통해 주관을 확보하는 능동적인 독서로 발전해야 한다. 독서 토론은 질문하는 힘을 기르는 과정으로 질문력은 응답력을 넘어선다. 새로운 시대에는 주어진 문제를 푸는 문제해결 능력이 아닌 새로운 패러다임을 창조하는 화두 제시 능력이 필요하다. 그게 바로 독서 토론의 논제다."

즉 독서 토론은 문제해결 능력이 아닌 새로운 패러다임을 창조하는 화두제시 능력이라고 한다. 그러기 위해서 심도 있는 토론이 이뤄져야 함을 강조한다.

교회는 코로나19를 거치면서 뉴 노멀에 맞닥뜨렸다. 이전과는 전혀 다른, 새로운 패러다임을 만들어야 한다. 이것은 숙명과도 같다.

나는 『언택트와 교회』에서 킬러 콘텐츠를 만들어야 함을 강조한다. 이 킬러 콘텐츠를 만들려면 독서 토론이 뒤따라주어야 한다. 어제도 모임에서 마우로 F. 기옌(Mauro Guillen)의 『2030 축의 전환 - 새로운 부와 힘을 탄생시킬 8가지 거대한 물결』을 토론했다. 토론에 참여한 설교자들이 큰 도전과 도움 그리고 어떻게 살아가야 하는가에 대한 답을 얻을 수 있었다고 했다. 이와 같이 독서 토론은 지적인 욕구 충족에 그치지 않는다. 삶의 방향까지 제시받는다. 그러므로 독서 토론이 활성화는 물론, 더 심도 있는 토론으로 나아가려 힘써야 한다.

2장

설교를 위한 묵상을 하라

1. 창조적 성경묵상법의 개요
2. '의미화' 하라
3. 질문하는 과정에서의 '의미화'
4. '의미화'를 활용한 제목잡기
5. 삶과 연결되는 적용을 하라
6. '메시지 만들기' 실습

1

창조적 성경묵상법의 개요

독공(獨工)하라

　창조적 성경묵상법은 하나님께서 주신 선물이다. 내게만 주신 선물이 아니라 한국교회에 주신 선물이다.

　모든 설교자는 설교하기 위해 반드시 묵상의 과정을 갖는다. 모든 설교자가 묵상의 과정을 갖지만, 묵상의 정도에 따라 설교의 내용이 달라진다.

　창조적 성경묵상법은 쉽게 만들어지지 않았다. 최근에서야 만들어진 '메시지 만들기'까지 12년이 걸렸다. 이 묵상법을 만들게 된 이유는 설교의 문제가 묵상의 문제라고 확신했기 때문이다.

　설교를 하기 위해 묵상을 하려면, 꽤 시간을 투자해야 한다. 나는 회원들에게 이 묵상법으로 본문 묵상을 5시간 이상 하라고 말한다. 그 이유는 묵상은 독공과 같은 과정을 거침이 마땅하기 때문이다. 독공(獨工)이란 판소리 가객들이 득음(得音)하기 위해 토굴 또는 폭포 앞에서 하는 발성 수련이다. 다시 말해, 소리꾼이 반드시 거쳐야 할 소리 공부의 기본 과정이다. 소리꾼들은 득음의 경지에 오르기 위해 절차탁마(切磋琢磨)의 가진 노력을 한다.

마찬가지로, 설교자들도 창조적 성경묵상법으로 묵상 함에 있어 독공의 과정을 거쳐야 한다. 독공의 과정을 거치지 않으면 하나님께서 사용하실 수 있는 설교가 만들어지기 쉽지 않다. 소리꾼이 독공의 경지에 이르려면 성실함과 치열함으로 무장해야 한다. 마찬가지로 영혼을 다루는 설교자도 창조적 성경묵상법을 할 때, 성실함과 치열함으로 독공의 경지에 이르도록 해야 한다.

독공의 과정, 묵상

창조적 성경묵상법에 따른 묵상은 독공의 과정을 거쳐야 한다. 마치 홀로 득도에 이르기 위한 수양을 하듯이 해야 한다.

맹자는 인생이 안 풀릴 때는 '독선 기신하라'라고 말한다. 곧 "궁즉독선기신(窮則獨善其身), 통즉겸선천하(通則兼善天下)"하라는 말이다. 이 말은, "궁할 때는 혼자 '수양'하는 데 집중하고, 통할 때는 세상에 나가서 좋은 일을 한다" 라는 의미다. 묵상은 혼자 '수양'하는 것처럼 해야 한다.

사람이 궁한 상태가 되면 '궁하면 곧 통한다'라는 '궁즉통(窮則通)'을 한다. 묵상은 말씀에 대한 '궁즉통' 하는 과정이라고 할 수 있다. 묵상이 '궁즉통' 하는 과정이어야 하는 것은 그럴 때, 설교다운 설교로 이어질 수 있기 때문이다.

묵상을 그저 설교 과정 중 한 단계로만 생각하면 안 된다. '궁즉독선기신'의 마음가짐으로 해야 한다. 그렇게 궁할 때 수양하는 과정처럼 할 때 묵상을 통해 하나님의 역사를 경험하게 된다.

묵상은 설교로 연결되어야 한다

묵상은 설교로 연결되어야 한다. 묵상이 설교로 연결 되지 않아 나는 한동안 묵상과 설교가 따로따로였다. 그러다 보니 묵상을 깊이 있게 했지만, 설교와 묵상의 연결성을 찾아볼 수 없었다. 이는 설교자의 묵상은 설교와의 연결이 중요함을 말해준다.

묵상이 설교와 연결될 때 그 순서가 있다. 먼저, 하나님과 연결되어야 한다. 하나님을 깊이 체험하는 시간이 곧 묵상이기 때문이다. 그다음, 설교와 연결되어야 한다. 만일 설교와 연결되지 않는다면 절반만의 묵상이 된다. 마지막, 교인과 연결되어야 한다.

설교를 잘 한다고 자부하며 목회를 했다. 한 날, 교인이 하는 말이 "목사님! 설교가 들려지지 않아요?" 나는 그 말을 듣는 순간 목회를 더 이상 하지 말아야 하는 가를 생각할 정도로 큰 충격을 받았다. 그

충격 후 가장 먼저 떠오른 것이 묵상이었다. 즉 묵상에 문제가 있다고 생각했다. 그 이유는 당시 땀 흘려 한 묵상이 설교와 연결되고 있지 않았기 때문이다.

신학교 때부터 묵상은 하나님의 음성 듣기로 알았다. 그리고 설교는 반드시 큐티 방식의 묵상 과정을 거쳤다. 묵상과 설교가 연결되지 않음을 깨달은 뒤 설교자에게 묵상은 하나님의 음성 듣기와 큐티 방식의 묵상으로는 부족함을 깨달았다.

묵상에 문제가 있음을 깨달은 뒤 어떻게 설교와 연결된 묵상을 할 수 있는가를 고민하기 시작했다. 묵상 책을 닥치는 대로 읽었다. 많은 묵상 세미나를 다녔다. 그리고 홀로 기도하며 연구가 시작된 후 일주일에 5회 이상 묵상을 하기 시작했다.

일주일에 5회 이상 나의 방식대로 묵상하다가 약 5년이 흐른 뒤 지금의 창조적 성경묵상법이 만들어졌다. 처음 붙인 이름은 '기초 묵상법'이었다. 이후부터 설교를 위한 묵상법을 만들기 위해 연구하고 또 연구했다. 실습하고 또 실습했다. 그 뒤 하나님께서 창조적 성경묵상법을 만들 수 있는 은혜를 주셨다.

창조적 성경묵상법은 설교를 파워풀(Powerful)하게 만들어준다

창조적 성경묵상법은 설교에 있어서 미완의 것을 보완, 불완전함을 완전함에 이르도록 뒷받침해 준다. 그렇게 될 수 있었던 것은 창조적 성경묵상법으로 묵상한 뒤 설교를 만들면 설교를 듣는 교인에게 영향력이 남달랐다.

이 묵상법은 큐티, 개인성경연구(PBS), 독서, 실습의 합작품이다. 그리고 5시간 묵상이라는 시간이 덧붙여졌다. 지금의 묵상법이 되기까지 약 12년이 걸린 시간만큼 효과도 강력하다. 이 묵상법이 강력함은 회원들을 통해 입증되고 있다. 창조적성경묵상법으로 묵상한 뒤 설교를 하면 교인들의 반응이 이전보다 훨씬 좋다. 교인들이 하나님을 만난 감동과 감사를 카톡 등으로 전해온다.

아무리 좋은 것도 단점은 있다. 이 묵상법의 단점은 두 가지다. 하나는 신학과 인문학을 융합한 방법이라 낯설고 어렵다. 또 다른 하나는 많은 시간을 투자해야 한다. 적으면 3시간, 많으면 7시간을 투자해야 한다.

그럼에도 불구하고 이 묵상법을 사용해야 하는 이유가 두 가지이다. 하나는 하나님의 강력한 은혜를 체험한다. 곧 하나님을 이전보다 더 사랑하게 된다. 또 다른 하나는 목회가 된다. 목회는 하나님의 전적인 은혜가 있어야 한다. 이 방법으로 묵상을 하면 하나님의 은혜가 강력하다. 만약 일주일에 5회 이상 몇 달 만 하면 하나님의 엄청난 은혜를 저절로 경험하게 된다. 그 결과 목회가 안되는 것이 이상할 정도이다.

창조적 성경묵상법은 단점보다 장점이 더 많다. 첫째, 설교할 본문이 완전히 내 것이 되도록 성경을 많이 읽게 된다. 이는 이 방법으로 묵상을 하면 설교할 본문을 100번 읽는다. 둘째, 본문에 대한 해석과

묵상 그리고 메시지를 끄집어낼 수 있다. 셋째, 구태의연하지 않고 창의적인 통찰력으로 설교할 수 있는 기틀을 마련하게 된다.

창조적 성경묵상법의 영향력의 정점은 바로 설교자에게 있다. 설교자에게 하나님의 은혜가 넘치게 부어진다. 심지어 설교자가 강단에서 설교할 수 없을 만큼 하나님의 영적 부흥을 경험한다.

창조적 성경묵상법의 프레임!

창조적 성경묵상법은 잘 짜인 프레임이다. 이 묵상법의 프레임은 아래와 같다. 만약 설교자들이 프레임에 대해 좀 더 자세히 알고자 한다면 『설교자와 묵상』을 참고하길 바란다.

1. 본문 파악
   1) 본문 읽기
   2) 내용 파악

2. 삶과 연결
   1) 질문하기
      (1) 요약
      (2) 의미화

(3) 질문하기

　　(4) 답변하기

　2) 낯설게 적용하기(메시지 만들기)

　　(1) 적용하고 싶은 단어 혹은 내용

　　(2) 낯선 개념 만들기

　　(3) 질문 만들기

　　(4) 개념으로 적용 쓰기

3. 제목 잡기 (주제 잡기)

　1) 내용 분류

　2) 공통어 찾기

　3) 의미화 하기

　4) 제목 만들기

　5) 제목 잡게 된 동기 혹은 이유 쓰기(본문과 제목 연결)

4. 본문 깊이 보기

　1) 하나님의 마음과 의도(저자의 의도)

　2) 등장인물의 마음(심리 묘사)

　3) 주제를 잘 드러내는 단어 및 구절 연구

4) 지금 주는 의미(현대에 주는 의미)

   (1) 그때

   (2) 지금

창조적 성경묵상법을 조금 더 구체적으로 설명하면?

창조적 성경묵상법은 아래와 같다.

첫째, 본문 파악이다.

본문 파악은 묵상에서 관찰의 과정이다. 여기서 기억할 것은 설교할 본문을 20번 이상 읽는 것이다. 그다음 설교할 본문을 한 줄로 요약해야 한다.

둘째, 삶과 연결 중 '질문하기'다.

질문을 통해 본문의 내용을 해석하고 분석하는 과정이다. 이 과정은 큐티로 말하면 해석과정이다.

이 '질문하기'는 본문을 인문학적으로 접근하게 해준다. 그 결과 성경을 낯설게 볼 수 있도록 만들어 준다.

'질문하기'에서 핵심은 '질문하기' 전에 '의미화'하는 것이다. '의미화'를 어떻게 하느냐에 따라 '질문하기'와 '답변하기'가 결정되기 때문이다.

셋째, 삶과 연결 중 '낯설게 적용하기(메시지 만들기)'다.

삶과 연결은 언택트 시대에 맞게 낯설게 적용하는 방법이다. 21세기에는 적용을 권면, 교훈, 당위성이 아닌 좀 더 고차원적으로 해야 한다. 고차원적으로 적용이 되려면 '메시지 만들기' 방식으로 해야 한다.

넷째, 제목 잡기(주제 잡기)다.

설교에서 제목을 잘 잡으면 설교 반은 끝났다고 할 수 있다. 그만큼 제목 잡기에 심혈을 기울여야 한다. 할수만 있다면, 제목은 설교를 원 포인트로 할 수 있도록 문장형식으로 잡아야 한다. 제목을 잡을 때 몇 단계를 거치는데, '공통어 찾기'와 '의미화' 과정이다.

다섯째, 본문 깊이 보기다.

이 작업은 세 가지로 구분할 수 있다. 하나님의 마음과 의도(저자의 의도), 주제를 잘 드러내는 단어 및 구절 연구는 신학적인 작업이다. 또 한 가지는 등장인물의 마음(심리 묘사)을 찾는 인문학적인 작업이다. 마지막으로 지금으로, 현재 시제에 주는 의미를 시대와 삶의 현장에 연결하여 적용하는 작업이다.

위의 과정에 따라 창조적 성경묵상법을 해야 한다.

이 방식은 어렵지만 반드시 해내야 한다. 땀 흘린 이후에 찾아오는 상쾌함처럼 어려움 이상으로 하나님이 주시는 은혜가 있기 때문이다.

설교자가 이 묵상법으로 묵상을 하면, 하나님과 연결이 되고, 나아가 교인과 연결이 된다. 그럼 종국에는 이 방법으로 하지 않으면 안 되게 된다. 그 이유는 다른 방법은 밋밋하고 맛이 없게 느껴지기 때문이다.

위와 같이 창조적 성경묵상법으로 묵상을 하면 기대한 것 이상, 그리고 기대하지 않은 것 그 이상으로 설교에서의 효과와 열매를 경험하게 된다.

그럼 이 책은 어떻게 구성되는가가 궁금할 것이다. 그 이유는 이미 『설교자와 묵상』에서 다룬 부분도 있지만 『설교자와 묵상』에서 다루지 않은 부분이 많다. 이런 이유 등으로 이 책에서는 창조적 성경묵상법을 두 가지 방향으로 접근하려 한다.

첫째, 『설교자와 묵상』에서 다루었지만 좀 더 자세히 다루어야 할 필요가 있는 부분을 중점적으로 다룬다. 이 부분은 "의미화"이다.

둘째, 『설교자와 묵상』에서 다루지 않은 것을 다룰 것이다. 바로 "삶과 연결되는 적용(메시지 만들기)"이다.

2

'의미화' 하라

'낯설게' 만들 수 있어야 한다

 '낯설게'가 화두인 시대다. 세상은 융합을 통해 '낯설게' 만들어낸다. 설교도 '낯설게' 만들어내야 한다. 설교를 '낯설게' 만들어내려면 창의적인 접근이 있어야 한다. 설교를 '낯설게' 해야 하는 것은 교인이 낯설지 않으면 관심을 보이지 않기 때문이다. 설교를 '낯설게' 하려면 묵상에서도 '낯설게' 해야 한다. 만약 묵상에서 '낯설게' 하지 않으면 설교에서 '낯설게' 하는 것은 극히 어렵다. 설교를 '낯설게' 하는 이유가 있다. '창의성', '융합', '낯섦', '생뚱맞음'이란 단어가 현대인이 관심 있는 단어 중 하나가 되었기 때문이다.
 창조적 성경묵상법에서 '의미화'를 하는 이유가 있다. 묵상을 '낯설게', 설교를 '낯설게' 만들기 위함이다. 이런 노래 가사가 있다.

"내거 인 듯 내거 아닌 내 것 같은 너"

교인들이 원하는 설교가 바로 내거 인 듯 내거 같은 너로 '낯설게'다. "내거 인 듯 내거 아닌 내 것 같은 너"와 같이 낯설게 하려면 '의미화'해야 한다. 즉 본문의 뜻은 그대로 두되, 그 다음 영역은 많이 다르게 풀어내야 한다.

묵상에서 '의미화' 과정이 매우 중요하다. '낯설게'의 과정이 어렵게 느껴지겠지만 이미 예수님께서 본을 보이셨다. 그럼 우리는 따라가면 된다.

예수님께서는 하나님의 나라를 설명하면서 그동안 그들이 듣지도, 보지도 못한 방식으로, '다르게', '낯설게' 풀어주셨다. 그러자 사람들의 반응은 가히 폭발적이었다.

설교자가 '낯설게'가 아닌 기존의 뻔한 방법으로 설교를 풀어내면 교인들에게 어필할 수 없다. 관심이 불러일으키지 못하기 때문이다. 그러므로 묵상에서부터 '낯설게' 풀어내야 한다. 교인을 사랑하는 마음으로 한 설교이지만 교인들에게 무참히 외면당할 수 있기 때문이다.

'의미화'로 생각의 영역을 넓혀라

'낯설게' 풀어내기 위해서는 전제조건이 따른다. '탁월한 사고력'이 그것이다. 하지만 모든 사람이 탁월한 사고력을 지닌 것은 아니기 때문에 이를 보충할만한 방법이 있다. '의미화'이다.

'의미화'는 현대인들이 원하는 '낯섦'을 만드는데 꼭 필요하다. 설교자가 의미화를 하기 위해서는 어쩔 수 없다. 생각을 넓게 하고 깊이 있게 해야 한다. 의미화된 설교는 교인들에게 훨씬 전달력도 뛰어나고 반응 속도가 남다르다. 아트설교연구원에서 하는 창조적 성경묵상법의 세 가지가 이에 큰 도움이 될 것이다. 첫째, '질문하기', 둘째, '제목잡기', 셋째, '개념 활용하기'이다.

'의미화'가 '낯설게' 만든다

'의미화'는 창조적 성경묵상법에서 중요하다. 동시에 아트설교연구원에서도 가장 많이 사용하는 단어 중 하나이다. 이는 설교자들에게 낯설게 생각할 수 있도록 하기 위함이다. 묵상에서 '의미화'의 과정을 거치면 생각과 결과가 낯설어진다.

'의미화'를 통해 낯설게 해야 하는 이유가 있다. 설교는 팩트 체크가 아니기 때문이다. 설교는 진리의 팩트에서 의미를 찾아내는 과정이기 때문이다. 그 과정을 통해 메시지가 만들어짐을 물론 삶에 효과적인 적용도 가능해진다.

많은 설교자가 팩트 위주로 설교를 한다. 설교에서 정확한 팩트체크는 중요하다. 하지만 팩트 체크에서 그치면 안 된다. 교인이 관심을 끌지 못할 수 있기 때문이다. 결국, 지루함으로 전락할 확률이 높아진다.

젊은 설교자가 강력하게 팩트 위주로 하는 설교를 들었다. 처음에는 확 빨려 들어가는 느낌이었다. 계속해서 팩트 체크만 하니 듣는 것이 부담되기 시작했다. 아무리 좋은 말도 부담으로 다가오면 더이상 하나님의 말씀으로 남게 되지 않는다.

중학생 때 아버지로부터 아주 좋은 말씀을 일주일에 한 번씩은 들었다. 처음에는 피와 살이 된다고 생각하며 들었다. 지속적인 팩트 체크는 결국 '언제 끝나나!' 와 '짜증'으로 귀결되었다.

설교자는 팩트 전달자가 아님을 인지해야 한다. 현실은 팩트 전달자로 머무는 경우가 많다. 설교자의 설교 스승인 예수님은 팩트 체크로 설교하지 않으셨다. '의미화'를 활용해 '낯설게' 접근하셨다. 더 나아가 스토리까지 입히니 사람들이 듣기 위해 졸졸 따라다녔다.

지금의 설교는 '의미화'가 반드시 필요한 시대다

우리가 살고 있는 시대는 21세기. 4차 산업혁명시대, 코로나19로 세상이 완전히 달라진 뉴 노멀 시대다.

교회의 예배와 모임도 오프라인에서 온라인이 대세로 바뀐 시대다. 온라인 교회가 하나의 교회로 자리 잡은 시대다. 언택트로 소통이 오프라인 소통과 함께 한 축을 담당하고 있기에 오프라인과 온라인이란 두 가지 방법이 모두 병행해서 가야 하는 시대다.

한국교회의 전통적인 목회 방법인 심방은 서서히 뒤안길로 사라지고 있다. 이젠 하드웨어가 아니라 소프트웨어인 콘텐츠를 전면에 내세워야 하는 시대이다. 그것도 자신만의 유일무이한 킬러 콘텐츠를 개발하고 무장해야 할 시대이다.

언택트 시대의 설교는, '의미화'를 통해 낯설지 않은 설교는 교인들의 관심 속에서 밀려나고 있다. 그렇다면 '의미화'를 통해 교인들의 관심을 받을 수 있는 설교를 지향해야 한다.

설교자라면 자신의 설교가 교인에게 매주 다르게 들려지길 바랄 것이다. 그렇게 하려면 '의미화'의 과정을 거치면 가능해신다. 이 '의미화'를 제대로 활용하기만 하면 예수님이 그러셨듯, 하나님의 뜻을 제대로 드러내면서 교인과 소통도 잘 되는 설교가 된다.

3

질문하는 과정에서의 '의미화'

'의미화'는 '질문하기', '제목잡기', '개념 활용하기'에 사용한다. 이 세 가지 중 이번 장에서는 '질문하기'에서 '의미화'를 어떻게 활용하는가를 알아보려 한다.

질문을 통해 '의미화'를 하면 낯선 개념을 만들 수 있다. 그리고 본문에 낯설게 접근하도록 한다. 질문법에서 '의미화'를 하려면 네 단계를 거친다.

질문법의 네 단계

창조적 성경묵상법는 질문을 중요하게 생각한다. 중요한 질문법은 네 단계를 거쳐 완성된다. 네 단계 질문법은 아래와 같다.

첫째 단계: 질문할 본문을 '요약'한다.

둘째 단계: 요약한 내용을 '의미화'한다.

셋째 단계: 의미화 한것을 '답'이라 가정하고 '질문'한다.

넷째 단계: 본문으로 질문에 대한 '답변'을 한다.

첫째, 여호수아 9:1-15

(수 9:1) 이 일 후에 요단 서쪽 산지와 평지와 레바논 앞 대해 연안에 있는 헷 사람과 아모리 사람과 가나안 사람과 브리스 사람과 히위 사람과 여부스 사람의 모든 왕들이 이 일을 듣고

(수 9:2) 모여서 일심으로 여호수아와 이스라엘에 맞서서 싸우려 하더라

(수 9:3) 기브온 주민들이 여호수아가 여리고와 아이에 행한 일을 듣고

(수 9:4) 꾀를 내어 사신의 모양을 꾸미되 해어진 전대와 해어지고 찢어져서 기운 가죽 포도주 부대를 나귀에 싣고

(수 9:5) 그 발에는 낡아서 기운 신을 신고 낡은 옷을 입고 다 마르고 곰팡이가 난 떡을 준비하고

(수 9:6) 그들이 길갈 진영으로 가서 여호수아에게 이르러 그와 이스라엘 사람들에게 이르되 우리는 먼 나라에서 왔나이다 이제 우리와 조약을 맺읍시다 하니

(수 9:7) 이스라엘 사람들이 히위 사람에게 이르되 너희가 우리 가

운데에 거주하는 듯하니 우리가 어떻게 너희와 조약을 맺을 수 있
으랴 하나

(수 9:8) 그들이 여호수아에게 이르되 우리는 당신의 종들이니이다
하매 여호수아가 그들에게 묻되 너희는 누구며 어디서 왔느냐 하니

(수 9:9) 그들이 여호수아에게 대답하되 종들은 당신의 하나님 여
호와의 이름으로 말미암아 심히 먼 나라에서 왔사오니 이는 우리가
그의 소문과 그가 애굽에서 행하신 모든 일을 들으며

(수 9:10) 또 그가 요단 동쪽에 있는 아모리 사람의 두 왕들 곧 헤
스본 왕 시혼과 아스다롯에 있는 바산 왕 옥에게 행하신 모든 일을
들었음이니이다

(수 9:11) 그러므로 우리 장로들과 우리 나라의 모든 주민이 우리에
게 말하여 이르되 너희는 여행할 양식을 손에 가지고 가서 그들을
만나서 그들에게 이르기를 우리는 당신들의 종들이니 이제 우리와
조약을 맺읍시다 하라 하였나이다

(수 9:12) 우리의 이 떡은 우리가 당신들에게로 오려고 떠나던 날에
우리들의 집에서 아직도 뜨거운 것을 양식으로 가지고 왔으나 보소
서 이제 말랐고 곰팡이가 났으며

(수 9:13) 또 우리가 포도주를 담은 이 가죽 부대도 새 것이었으나
찢어지게 되었으며 우리의 이 옷과 신도 여행이 매우 길었으므로
낡아졌나이다 한지라

(수 9:14) 무리가 그들의 양식을 취하고는 어떻게 할지를 여호와께

묻지 아니하고

(수 9:15) 여호수아가 곧 그들과 화친하여 그들을 살리리라는 조약을 맺고 회중 족장들이 그들에게 맹세하였더라.

질문법은 한 본문을 두 개, 세 개 혹은 네 개로 나누어서 질문하는 것을 권장한다. 그중에 한 개는 본문 전체를 질문하는 것을 포함해야 한나.

질문법으로 하는 네 단계 묵상법의 실제적인 방법은 아래와 같다.

1) 1-6절

첫째 단계/ 요약하기: 가나안 족속이 거짓말로 살 길 찾고자 한다.
둘째 단계/ 의미화하기: 남과 다름
셋째 단계/ 질문하기: 세상을 살아가는 방법은 어떠해야 하는가?
넷째 단계/ 답변하기: 같은 장소에서 먹고, 마시고, 생활한다. 하지만 같은 장소일지라도 생각과 살아가는 모습이 제각각이다.
같은 부모로부터 태어나도 성격, 생김새, 추구하는 바가 다르다. 그리고 동시대를 살아가는 사람들의 살아가는 모습도 천차만별이다.
기브온 사람들은 여호수아에게 접근하는 방식이 다른 족속과 다른 방식을 택한다. 다른 족속들은 남자답게 싸움으로 결판내려 했다. 반면 기브온 족속은 거짓으로 살 길을 찾았다.

살아가는 방법은 남과 달라야 한다. 그럼 대응하는 쪽에서도 매번 다르게 받아들여야 한다. 매번 다르게 받아들이지 않으면 속임수에 넘어간다.

2) 7-13절

첫째 단계/ 요약하기: 여호수아가 미심 쩍어하자, 기브온은 갖가지 증거를 들이밀었다.

둘째 단계/ 의미화하기: 목표달성

셋째 단계/ 질문하기: 왜 변하지 않아야 하는가?

넷째 단계/ 답변하기: 삶에서 목표를 이루는 것은 중요하다. 목표를 이루려면 처음 생각이 변하지 말아야 한다. 기브온 족속은 오직 이스라엘과 조약 맺는 것만 목표로 두었다. 여호수아가 우리 가운데 거주하는 것 아니냐고 묻자, 대뜸 '우리는 당신의 종들이다'라고 고개 숙인다. 여호수아가 너희는 누구며 어디서 왔느냐고 묻자, 하나님의 이름으로 먼 나라에서 왔다고 말한다. 그러면서 자기들 소유의 곰팡이, 찢어짐, 낡아짐을 보여주며 먼 곳이라고 당당하게 말한다.

기브온 족속은 목표를 끝까지 밝히지 않았다. 사람들은 상황이 꼬이면 바꾼다. 다른 방법을 찾는다. 그럼 목표 달성할 수 없다. 하지만 기브온 족속은 한 번 정한 목표를 바꾸지 않았다. 사람들은 상황이 어려워지면 목표를 수정한다. 목표를 수정하면 이미 목표 달성에 실패한 것이다. 기브온 족속은 바꾸지 않았기에 목표를 이루었다.

3) 14-16절

첫째 단계/ 요약하기: 주인공인 하나님이 빠진 채 인간들끼리 조약을 맺었다.

둘째 단계/ 의미화하기: 주제 파악

셋째 단계/ 질문하기: 인간이 마음속에 평생 품고 살아야 할 것은?

넷째 단계/ 답변하기: 누구나 승리의 삶 살고자 한다. 하지만 승리의 삶은 누구나 살지 못한다. 마음관리를 어떻게 하느냐에 달려 있기 때문이다. 마음 관리는 다른 말로 자기 관리다. 여호수아는 자기 관리에 실패했다. 자기 관리는 잘 먹고 다른 사람에게 존경받는 것 아니다. 하나님께 인정받는 것이다. 하나님께 인정받으려면 주제 파악을 잘해야 한다.

성도의 주제 파악은 하나님 안에서 나는 누구인가를 아는 것이다. 그것을 마음속에 품는 것이 성도의 삶이다. 리더의 주제 파악은 상황에 맞게 어떻게 대처하는가?이다. 여호수아는 상황에 맞게 대처하는데 실패했다.

여호수아는 주제 파악에 실패했다. 그가 주제 파악에 실패한 것을 단적으로 말해주는 것은 그의 교만이다. 반대로 겸손은 주제 파악을 잘한 것을 뜻한다.

여호수아는 겸손에 실패했다. 전에는 하나님께 먼저 물었다. 지금은 하나님께 묻지 않았다. 그의 교만이 하나님과 소통하기를 싫어했다. 그저 자기 판단을 믿었다. 기도를 믿어야 하는데, 자기 지각을 믿었다. 하나님께 먼저 묻지 않으니 자기 생각에 따라 기브온 족속과 맺지 않아야 할 조약을 맺었다.

4) 전체

첫째 단계/ 요약하기: 이스라엘이 기브온의 초라한 행색 등으로 하나님께 묻지 않고 조약을 맺었다.

둘째 단계/ 의미화하기: 주도면밀하지 못함.

셋째 단계/ 질문하기: 안목이 흐려지게 되는 결정적인 원인은?

넷째 단계/ 답변하기: 여호수아는 하나님의 사람이다. 하나님의 은혜로 가나안 전쟁에서 승승장구하니 신앙이 전투적이지 않았다. 그 결과 안목이 흐려지기 시작했다. 좀 더 하나님께 기도하고, 좀 더 살펴야 하는데 그렇게 하지 않았다.

7절에 "너희가 우리 가운데에 거주하는 듯하니"라고 말했었다. 8절에 "여호수아가 그들에게 묻되 너희는 누구며 어디서 왔느냐"라고도 물었다. 의심쩍었기 때문이다. 하지만 그들이 9절에서 "우리가 그의 소문과 그가 애굽에서 행하신 모든 일을 들으며"라고 추켜세웠다. 결국, 여호수아는 "여호와께 묻지 아니하고(15절)"라고 말을 듣게 된다. 하나님께 묻지 않고 여호수아는 화친하고 조약을 맺었다(15절).

 안목이 흐려지면 주도면밀하지 못하게 된다. 분별력이 약해지니 더 파악하려 하지 않았다. 신앙은 지혜가 있어야 한다. 때와 장소 그리고 상황을 분별할 줄 알아야 한다. 그렇지 않으면 실수가 당연하다.

4

'의미화'를 활용한 제목잡기

'의미화', 제목잡기에 필수적이다

'의미화' 활용에 첫 번째는 질문법이었다. 두 번째 '의미화' 활용은 설교 '제목잡기'다. 많은 설교자들이 성경 본문에서 제목을 잡는다. 성경 본문에서 제목을 잡으면 낯선 제목이 나오기 어렵다. 낯선 것을 추구하는 시대에 설교 '제목잡기'는 '의미화' 과정을 통하면 낯선 제목 잡기가 가능해진다.

신문의 헤드라인, 책의 제목이 중요하듯이 설교에서도 제목잡기가 중요한다. 설교에서도 첫 인상인 제목이 중요하다. 사람들이 인터넷에서 글을 읽을 때 제목을 보고 읽을 지 여부를 결정한다. 서점이나 인터넷 서점에서 구입할 책을 선정할 때 기준이 제목과 표지다.

제목이 중요한 시대에 설교도 제목이 중요하다. 제목에 따라 설교에 대한 기대감 등이 결정되기 때문이다. 좋은 제목은 관심도를 높여줌은 물론 궁금증도 자아낸다. 낯선 제목은 한 번 줄 마음, 두 번 주게 한다. 그리고 설교자가 어떻게 풀어낼 것인가에 대한 생각도 한다. 그러므로 설교자는 제목잡기에 자신의 모든 것을 쏟아부어야 한다.

설교자가 제목을 만들 때 기준은 본문의 내용을 벗어나지 않아야 함은 물론 교인들의 관심도 끌어낼 수 있어야 한다. 제목을 위의 조건에 충족시켜 삼으면 교인은 설교자가 설교를 과연 어떻게 풀어갈까 주목하게 된다.

예를 들어, 설교 제목이 〈은혜는 회개로부터 시작된다〉보다는 〈은혜는 생방송이고 회개는 재방송이다〉가 낫다. 〈신앙생활 열심히 하라〉보다는 〈신앙생활은 '잃기'가 아니라 '읽기'다〉, 〈뭉쳐야 산다〉보다는 〈예수님 그림자만 붙잡아도 그림 같은 인생이 된다〉, 〈젊은 모세의 착각〉보다는 〈신앙생활은 주제파악이 먼저다〉가 교인들 마음을 끌어당긴다. 그럼 교인들이 설교를 듣는 자세가 달라진다.

제목은 평범함이 아니라 낯설고 비범함을 풍겨주어야 한다. 제목 하나로 먼저 교인들을 설교자의 편으로 끌어당겨야 한다.

분명한 것은 낯선 설교 제목은 교인에게 팩트를 넘어 임팩트를 준다는 것이다. 그러므로 낯선 제목, 교인의 마음을 끌어당기는 설교 제목을 잡기 위해 '의미화'의 과정을 거치는 것이 좋다. 위의 좋은 제목들은 '의미화' 과정을 통해서 잡은 것을 보면 알 수 있다.

설교 제목이 중요하다. 설교 제목이 중요한 이유는 설교 제목만 잘 잡으면 기분 좋게 설교 준비가 시작될 수 있다. 그리고 설교를 이미 반 이상 한것과 다름없다. 그 이유는 제목이 잘 잡히면 그다음 설교 준비를 훨씬 수월하기 때문이다.

설교자가 제목을 낯설게 잡아야 하는 것은 교인이 좋은 제목 문장에 붙잡히도록 하기 위함이다. 교인이 설교 제목에 붙잡히면 제목을 오랫동안 기억하게 된다. 그 결과 교인은 설교를 통해 삶에 변화가 일어난다.

제목 잡는 단계

앞서 '질문법'에서도 답변까지 네 단계를 거쳐서 질문했다. '제목잡기'는 다섯 단계를 거친다. 다섯 단계를 거치는 이유는 본문에서 생각하지 못했던 제목을 잡기는 물론, 본문을 완전히 내 것이 될 수 있도록 하기 위함이다.

'제목잡기' 다섯 단계는 아래와 같다.

첫째 단계: 내용을 분류한다. 분류할 때, '사람'이나 '단어'로 분류한다.

둘째 단계: '공통어' 만들기다. 공통어는 '명사'나 '동사'로 만든다.

셋째 단계: 만든 공통어를 '의미화'한다.

넷째 단계: '의미화'한 단어를 활용해 제목을 만든다.

다섯째 단계: 제목을 잡게 된 동기 혹은 이유를 쓴다. 이유를 쓸 때

본문을 활용해서 쓴다.

여기서 '의미화'하기는 제목잡기에서의 세 번째에 해당한다.

'제목잡기'의 방법은 아래와 같이 하면 된다.

첫째 단계: 분류하기다. '사람'이나 '단어'로 분류한다.

1) '사람'으로 분류하면 아래와 같다.

   다윗:

   사울:

   요나단:

   으로 분류한다.

2) '단어'로 분류하면 아래와 같다.

   믿음:

   소망:

   사랑:

   으로 분류한다.

둘째, '명사' 혹은 '동사'로 공통어를 찾는다.

예를 들면 아래와 같다.

다윗: 하나님을 '사랑'했다.

사울; 세상을 '사랑'했다.

요나단: 다윗을 '사랑'했다.

여기서 공통단어는 '사랑'이다.

셋째, '의미화' 하기다.

'사랑했다'를 의미화하면 '(콩 깍지가) 씌었다', '달리 보인다', '온리 원', '최고' 등이다.

넷째, '의미화'한 '최고'를 집어넣어 제목을 만든다. 예를 들면, 〈예수님을 만나면 최악의 인생이 최고의 인생으로 바뀐다〉

다섯째 단계: 제목 잡게 된 동기 혹은 이유를 쓰면 된다.

'제목 잡기' 실습

본문은 여호수아 9장 1절-15절이다.

설교 제목은 〈'관계'가 불통 되면 '안목'은 먹통 된다〉

첫째 단계, 내용분류다.

가나안 왕들/ 이 일 후에 요단 서쪽 산지와 평지와 레바논 앞 대해 연안에 있는 헷 사람과 아모리 사람과 가나안 사람과 브리스 사람과 히위 사람과 여부스 사람의 모든 왕들이 이 일을 듣고 모여서 일심으로 여호수아와 이스라엘에 맞서서 싸우려 하더라

　기브온 주민들/ 기브온 주민들이 여호수아가 여리고와 아이에 행한 일을 듣고 꾀를 내어 사신의 모양을 꾸미되 해어진 전대와 해어지고 찢어져서 기운 가죽 포도주 부대를 나귀에 싣고 그 발에는 낡아서 기운 신을 신고 낡은 옷을 입고 다 마르고 곰팡이가 난 떡을 준비하고 그들이 길갈 진영으로 가서 여호수아에게 이르러 그와 이스라엘 사람들에게 이르되 우리는 먼 나라에서 왔나이다 이제 우리와 조약을 맺읍시다 하니. 그들이 여호수아에게 이르되 우리는 당신의 종들이니이다 하매. 그들이 여호수아에게 대답하되 종들은 당신의 하나님 여호와의 이름으로 말미암아 심히 먼 나라에서 왔사오니 이는 우리가 그의 소문과 그가 애굽에서 행하신 모든 일을 들으며 또 그가 요단 동쪽에 있는 아모리 사람의 두 왕들 곧 헤스본 왕 시혼과 아스다롯에 있는 바산왕 옥에게 행하신 모든 일을 들었음이니이다. 그러므로 우리 장로들과 우리 나라의 모든 주민이 우리에게 말하여 이르되 너희는 여행할 양식을 손에 가지고 가서 그들을 만나서 그들에게 이르기를 우리는 당신들의 종들이니 이제 우리와 조약을 맺읍시다 하라 하였나이다 우리의 이 떡은 우리가 당신들에게로 오려고 떠나던 날에 우리들의 집에서 아직도 뜨거운 것을 양식으로 가지고 왔으나 보소서 이제 말랐고 곰팡이가 났으며 또 우리가 포도주를 담은 이 가죽 부대도 새 것이었

으나 찢어지게 되었으며 우리의 이 옷과 신도 여행이 매우 길었으므로 낡아졌나이다 한지라.

여호수아와 이스라엘 사람들/ 이스라엘 사람들이 히위 사람에게 이르되 너희가 우리 가운데에 거주하는 듯하니 우리가 어떻게 너희와 조약을 맺을 수 있으랴 하나. 여호수아가 그들에게 묻되 너희는 누구며 어디서 왔느냐 하니. 무리가 그들의 양식을 취하고는 어떻게 할지를 여호와께 묻지 아니하고. 여호수아가 곧 그들과 화친하여 그들을 살리리라는 조약을 맺고 회중 족장들이 그들에게 맹세하였더라.

둘째 단계, 공통어 찾기(명사 혹은 동사)/ '조언'
기브온 주민들/ 장로들에게 조언을 구했다.
여호수아와 이스라엘 사람들/ 여호와께 조언을 구하지 않았다.

셋째 단계, '의미화' 하기다.
공통어가 '조언'이었다. 이 '조언'을 의미화하면 '소통'이란 개념이 만들어진다.

넷째 단계, 설교 제목이 〈하나님과 관계가 '불통'되면 안목은 '먹통' 된다〉다.

다섯째 단계: 제목을 잡게 된 '동기' 혹은 '이유' 쓰기다.

향기를 내는 인생은 하나님과 소통을 잘한다. 반대로 악취를 내는 인생은 하나님과 소통을 잘 못한다. 도리어 불통이다.

오늘 본문을 보면, 여호수아의 행동이 이해가 되지 않는다. 이전까지는 하나님과 소통을 잘했다. 그러나 오늘은 하나님과 소통을 일절 하지 않았다. 그러자 여호수아의 영적 안목이 먹통이 되었다.

여호수아는 전과 같으면 하나님께 여쭤보았다. 하지만 이번에는 완전히 날랐다. 하나님께 기도하지도 않고 기브온 사람들이 왜 조약을 맺자고 하는지 따지지도 않고 조약을 맺었다. 여호수아는 그동안 참 잘 해왔다. 하지만 사람과 소통을 시도하니 하나님과 불통이 됐다. 결국, 하나님과 관계가 '불통'되면 안목이 '먹통'이 되었다.

5

삶과 연결되는 적용을 하라

설교는 적용이 관건이다

설교자들이 가장 어려워하는 것이 '적용단계'이다. 설교자의 적용은 '마땅히…해야 한다'식의 당위성 적용이 많다.

설교자가 설교하는 목적은 교인이 설교를 듣고 삶에 말씀을 적용하기 위함이다. 만일 설교가 적용되지 않으면 설교를 실패했다고 할 수 있다. 설교에서 적용이 중요한 것은 설교의 최종 목표는 교인들의 삶의 변화이기 때문이다. 교인에게 변화를 원한다면 적용이 추상적이지 않고 구체적이어야 한다. 적용이 매번 같은 말로 들리지 않고 다르게 들려야 한다. 다르게 들리기 위해 '낯설게' 적용을 활용해야 한다.

설교자가 성경을 해석한 것을 설명하고, 설명에 관한 논증을 하는 것은 적용하기 위함이다. 최근 한 설교자가 자기 설교 코칭을 부탁했다. 그의 설교는 본문, 단어, 본문 단어를 원문을 활용한 설명 위주였다. 적용은 마지막에 조금 길게 했을 뿐이다. 그의 설교는 해석에 멈춰 있었다. 결국, 적용이 없는 설교였다.

교인들의 설교에 대한 요구 사항은 성경공부와 다르다. 성경공부는 지적으로 성경을 풀어주는 것이 좋다. 설교는 하나님의 말씀을 삶으로 연결해 주기를 바란다. 성경을 해석하고 풀어주는 것은 설교자 입장에서 좋을 수 있다. 하지만 교인들 입장에서 삶에 적용할 수 있기를 바란다.

**설교란 성경에 밑줄을 긋는 것이 아니라
삶에 밑줄을 긋는 것이다.**

"성경이 아니라 생활에 밑줄을 그어라"

기형도 시인의 시 〈우리 동네 목사님〉에서 한 말이다. 결국, 설교란 생활에 밑줄이 그어지는 적용이어야 한다는 것이다.

사람에게 삶이 중요하듯이, 설교자에게는 삶으로 연결되는 적용이 중요하다. 마찬가지로 나도 설교는 설명이나 해석이 아니라 적용임을 아래와 같이 강조한다.

"설교는 신학이 아니다. 설교는 설교 학이 아니다. 설교는 하나님의 마음과 교인의 삶과 연결이다."

설교가 삶으로의 적용이 안되면 그저 교훈적인 이야기에 그친다. 교인들은 하나님의 말씀이 나와 어떤 연결점이 있는가에 관심이 크다. 그러므로 설교에서 성경에만 밑줄 긋는 설교가 아니라 삶에도 밑줄이 그어지도록 설교해야 한다.

삶에 밑줄이 그어졌다는 것은 설교가 삶에 적용되었음을 말한다. 결국, 설교한 한 마디로 삶에 '적용'과 하나님의 말씀과 교인 마음과의 '연결'이다. 이를 좀 더 구체적으로 이야기하면 아래와 같다.

첫째는 하나님의 마음과 교인의 마음과의 연결이다.

둘째는 하나님의 삶과 교인의 삶과의 만남이다.

마음과 마음과의 연결, 삶과 삶과의 만남이라면 설교자는 하나님께서 원하는 삶과 교인이 살고 싶은 삶의 만남이 연결되도록 적용 중심적으로 설교해야 한다.

적용은 '짐이 되는 설교'가 아니라 '힘'이 되는 설교가 된다

설교에는 두 가지가 있다. 교인에게 '짐'이 되는 설교와 교인에게 '힘'이 되는 설교다. 아트설교연구원에서는 성도들에게 어떠한 적용이 '짐'이 되는지 알아보았다. 그것은 당위적인 적용 즉 '이렇게 살아야 한다', '이렇게 살지 않으면 큰일 난다' 라는 설교였다. 힘이 되는 설교는 직관적으로 고개를 끄덕이게 하는 삶으로 적용되는 설교였다.

설교는 교인에게 '짐'이 아니라 '힘'이 되어야 한다. 위로가 되고, 소망이 되며 하나님을 만나야 한다. 당위적인 적용으로 설교가 '짐'이 된다면 당위적인 적용은 삼가는 것이 좋다. 설교는 적용으로 '힘'이 되어야 한다. '힘'이 되면 교인 스스로 설교를 듣고, 말씀대로 살겠다고 몸부림친다. 그러기 위해 만든 방법이 '낯설게 적용하기(메시지 만들기)'다.
(여기서는 '메시지 만들기' 라는 말로 사용한다)

예전과 달리 설교에서 적용을 더 강조하는 이유가 있다. 이는 현시점에 오니 교인들의 필요가 예전과 달라졌기 때문이다. 성경 해석만 낯설게 해도 괜찮은 시절도 있었나. 지금은 낯선 적용이 필요한 시대이다. 따라서 앞으로 이야기하는 메시지 만들기 방법에서 낯선 적용, 직관적으로 맞는다고 할 수 있는 적용을 설교에 활용해야 한다.

메시지 만들기 3단계

설교자는 이 책을 읽으면서 '메시지 만들기'라는 말을 처음 들어볼 것이다. 이는 오랜 시간 설교를 위한 묵상을 통해 연구와 실습으로 만들었기 때문이다.

그럼 '메시지 만들기'가 무엇이며, 메시지 만들기를 위해서는 어떻게 해야 하는가?

'메시지 만들기'란 한 마디로 뻔한 적용을 하지 말자는 것이다. 도리어 낯선, 교인이 삶에 적용을 잘할 수 있도록 하자는 것이다.

예를 들어, '우상을 섬기지 마라'고 하면 흔히, '돈이 우상이 되지 말아야 한다', '타 종교는 명백히 이단이다' 라는 식으로 적용을 한다. 이런 설교는 뻔한 적용에 불과하다. 뻔하지 않은 적용, 낯선 적용을 하려면 '소속을 분명히 하라'고 하면 된다.

교인이 소속이 분명하지 않으면 여기저기 집적거린다. 자신의 소견대로 살아간다. 자신의 욕망이 원하는 대로 살아간다. 하지만 소속을 분명하게 하면 소속에서 요구하는 것을 실천하려 든다. 소속이 분명하면 작은 유혹에 절대 넘어가지 않는다.

우리가 돈의 유혹이 다가오면 쉽게 넘어가는 것은 내 소속이 하나님인 것이 분명하지 않기 때문이다. 하지만 내 소속이 하나님인 것이 분명하면 유혹이 강력해도 오로지 하나님의 말씀만 붙잡는다. 여호수아가 우리 집은 여호와만 섬기겠다고 고백한 것은 소속이 하나님으로 분명했기 때문이다.

아무리 좋은 것도 프레임이 있어야 한다. '메시지 만들기'는 아래와 같이 세 단계를 통해 만든다.

첫째 단계: 전달해야 할 '단어 혹은 문장'을 선정한다. 설교할 때 전달해야 할 단어 혹은 문장이 성경 본문일 수도 있고, 설교 제목일 수도 있다. '제목 설교'일 때는 '제목'이 좋다. '강해설교'일 때는 '핵심 단어'가 좋다.

둘째 단계: '단어 혹은 문장'으로 적용해야 할 메시지를 만든다. 이때 생각할 것이 두 가지다. 하나는 '교인에게 무엇을 전하고 싶은가?', 또 다른 하나는 '교인이 원하는 것은 무엇인가?' 다.

교인에게 전하고 싶은 것이나 교인이 원하는 것을 생각한 뒤에 전달해야 할 메시지를 만든다. '메시지 만들기'를 잘하려면, 갖춰야 할 조건이 있다. 사고력(생각)과 어휘력 그리고 하나님의 은혜이다. 이는 곧 '의미화'하는 과정이기도 하다.

　마지막으로, '만든 단어'를 교인이 공감할 수 있도록 기도하면서 문장으로 설명을 한다.

# 6

'메시지 만들기' 실습

'메시지 만들기'의 세 단계

삶과 연결하는 적용인 '메시지 만들기'를 배우려면 실습이 가장 좋다. 실습하되 많이 해야 한다. 반복적으로 실습해야 한다. 반복적으로 실습해야 하는 것은 반복적으로 실습을 할 때, 몸에 체득되기 때문이다.

스탠퍼드대 경영대학원 조직행동론 교수인 칩 히스(Chip Heath)는 'Stick(스틱)'을 1초 만에 착 달라붙는 메시지'라고 정의했다. 그 말은 메시지 만들기도 1초 만에 착 달라붙는 메시지가 되는 것이 이상적이란 말이다.

그럼 설교에서 낯설게 만드는 적용은 어떻게 만드는가? '메시지 만들기'는 세 단계의 과정을 통해 만든다.

첫째 단계: 전달하고자 하는 '단어' 혹은 '문장'을 선정한다.

둘째 단계: 메시지를 만든다.

셋째 단계: '만든 메시지'를 공감되도록 기도하면서 설명한다.

'서로 사랑하라'의 '메시지 만들기'

'서로 사랑하라'의 '메시지 만들기'는 아래와 같이 한다.

첫째 단계: 전달해야 할 '단어 혹은 문장'을 선정한다. 여기서는 '서로 사랑하라'다.

둘째 단계: '서로 사랑'을 담아낼 수 있는 메시지(단어 혹은 문장)를 만들어야 한다. '서로 사랑'하라는 것을 담아낼 수 있는 단어 중 하나는 '장점 찾기'이다.

셋째 단계: '만든 메시지'를 교인이 공감할 수 있도록 기도하면서 설명을 한다.

이를 설명하면 아래와 같다.

하나님은 이웃을 네 몸같이 사랑하고 하신다. 하지만 내 몸과 같이 사랑하기 쉽지 않다. 말로는 되지만 마음으로 어렵기 때문이다. 행동으로는 더더욱 어렵다.

이웃을 좀 더 사랑할 수 있는 방법이 있다. 상대방의 장점을 찾으면 된다. 상대방의 장점이 매력으로 다가오면 없던 마음도 생긴다. 결국, 서로 사랑하려면 상대방의 장점을 찾아야 한다. 장점을 찾았다면 그

다음 장점을 칭찬해주어야 한다. 장점을 칭찬해주면 그 사람의 마음이 열리기 시작한다.

교인의 이웃 사랑은 하나님의 명령이다. 명령이지만 수행하기가 쉽지 않다. 하지만 장점을 찾으면 행동으로 자연스럽게 연결된다. 종국에는 사랑의 마음이 행동으로 나타난다.

사랑이 잘 안 되는 데 사랑하고자 한다면 두 가지를 해야 한다. 첫째, 상대방의 장점을 찾아라. 둘째, 장점을 찾아서 그 사람 앞에서 칭찬하면 된다. 우리는 사랑이 어렵다고 말한다. 사랑이 어려운 것이 아니라 사랑을 어렵게 생각했기 때문이다. 사랑은 어려운 것이 아니라 상대방의 장점을 찾으려 하지 않은 것 뿐이다.

'섬김'의 '메시지 만들기'

'섬김'의 '메시지 만들기'는 아래와 같이 한다.

첫째 단계: 전달해야 할 '단어 혹은 문장'을 선정한다. 여기서는 '섬김'이다.

둘째 단계: '섬김'을 담아낼 수 있는 메시지(단어 혹은 문장)를 만들어야 한다. 섬김을 담아낼 수 있는 단어는 '나를 빌려주는 것이다'다.

셋째 단계: '만든 메시지'를 교인이 공감할 수 있도록 기도하면서 설명을 한다.

이를 설명하면 아래와 같다.

큰 배를 물 위에 띄우려면 힘이 필요하다. 그 힘은 부력이다. 배가 무거운 짐을 싣고 거센 파도에도 침몰하지 않는 것은 바로 부력 때문이다.

마찬가지로 다른 사람을 섬기는 힘은, 나를 빌려주면 된다. 우리는 남에게 뭔가를 빌리려 한다. 힘을 빌리려 한다. 마음을 사려 한다. 하지만 내 것은 주려고 하지는 않는다. 내 것을 조건 달지 않고 빌려주면 된다. 빌려준다고 남의 것이 되지 않기 때문이다.

신앙생활을 하면서 우리가 가장 많이 할 것은, 나를 빌려주는 것이다. 봉사하는 곳에 몸을 빌려준다. 위로가 필요한 사람에게 마음을 빌려준다. 기도가 필요한 사람에게 기도를 빌려준다. 빌려주면 언젠가 돌려받는다.

언제 내 것을 빌려줄 수 있는가? '지금'이다. 그럼 어떤 교회가 좋은 교회인가? 나와 내가 가진 것을 빌려주는 사람이 많은 교회이다.

'거룩'의 '메시지 만들기'

'거룩'의 '메시지 만들기'는 아래와 같이 한다.

첫째 단계: 전달해야 할 '단어 혹은 문장'을 선정한다. 여기서는 '거룩'이다.

둘째 단계: '거룩'을 담아낼 수 있는 메시지(단어 혹은 문장)를 만들어야 한다. 거룩을 담아낼 수 있는 단어는 '목숨 걸기'다.

셋째 단계: 둘째 단계에서 '만든 메시지'를 교인이 공감할 수 있도록 기도하면서 설명을 한다.

이를 설명하면 아래와 같다.

하나님이 원하시는 것은 거룩이다. 특히 레위기를 통해서 "내가 거룩하니 너희도 거룩할지어다(레11:45)"라고 하셨다. 베드로도 행실에서 거룩한 자가 되라고 했다. "오직 너희를 부르신 거룩한 이처럼 너희도 모든 행실에 거룩한 자가 되라(벧전1:15)."

반면 우리가 원하는 것은 세상에서의 풍요다. 세상에서 풍요롭기 위해 목숨까지도 건다. 하지만 하나님의 거룩에 대해서는 목숨 걸지 않는다. 우리가 목숨을 걸 것은 세상 풍요가 아니라 거룩이다. 그것은 목숨을 걸 때 거룩할 수 있기 때문이다. 목숨을 걸지 않고 한눈판 순간 이미 거룩과 먼 타락의 길을 걷는다.

하나님께서 우리에게 거룩을 요구하신다. 하나님의 요구에 부응하려면 목숨을 걸어야 한다. 예수님께서 십자가를 통해 진짜 목숨을 거셨던 것처럼 말이다.

'기도'의 '메시지 만들기'

'기도'의 '메시지 만들기'는 아래와 같이 한다.

첫째 단계: 전달해야 할 '단어 혹은 문장'을 선정한다. 여기서는 '기도'다.

둘째 단계: '기도'을 담아낼 수 있는 메시지(단어 혹은 문장)를 만들어야 한다. 기도를 담아낼 수 있는 단어는 '불행 청소'다.

셋째 단계: 둘째 단계에서 '만든 메시지'를 교인이 공감할 수 있도록 기도하면서 설명을 한다.

이를 설명하면 아래와 같다.

기도는 하나님과의 호흡이라고 한다. 왜 하나님과 호흡하라고 하는가? 영혼이 타락했기 때문이다. 하나님의 뜻을 이루기 위해서는 영혼이 깨끗해야 한다. 타락한, 더러운 영혼은 내 욕망을 이루는 것이 늘 하나님보다 앞서 있게 된다. 내 욕망이 앞선 삶은 불행한 삶이다. 욕망에 더러워진 영혼은 이미 채워져 있는데도 부족함을 느끼고 계속 달라고 하게 된다. 왜냐면 여전히 불행하다고 생각하기 때문이다.

기도하면 불행이 청소된다. 대신 행복이 충전된다. 그러므로 하나님께 기도하는 것을 기쁜 마음으로 나아가야 한다. 그것을 하나님께서 행복해하시기 때문이다.

3장

설교, 설교구성이 좌우한다

1. 설교에서 사용할 수 있는 구성요소들
2. 아트설교연구원에서 사용하는 구성요소들
3. 구성은 역동적이어야 한다

1

설교에서 사용할 수 있는 구성요소들

설교 콘텐츠에서 핵심은 구성이 가른다

하드웨어가 아니라 어떤 콘텐츠를 가지고 있느냐로 평가받는 시대이다. 특히, 가상과 현실이 공존하는 메타버스 시대에 접어든 지금은 콘텐츠가 더 중요해졌다. 교회가 세상에 내놓을 수 있는 콘텐츠는 설교이다. 세상은 교회의 설교 콘텐츠를 보고 어떤 곳인가를 평가한다. 이미 교회에 세계 최고의 콘텐츠가 있다. 바로 성경이다. 설교자는 최고의 콘텐츠인 성경을 더 돋보이게 하기 위해 설교도 최고의 콘텐츠가 되도록 만들 책임이 있다.

이 콘텐츠를 구성하는 것은 두 가지다. 하나는 내용이다. 또 다른 하나는 구성이다. 둘 중에 내용이 더 중요하다. 이 내용을 돋보이게 하는 것이 구성이다. 이런 이유로 구성이 중요하다. 구성이 중요한 것은 구성이 어떠냐에 따라 설교가 결정되기 때문이다. 설교는 구성에 따라 관심을 끄는 콘텐츠가 되기도 하고, 관심을 끌지 못하는 콘텐츠가 되기도 한다.

방송국에서 기자로 일하고 있는 제자가 구성 작가의 중요성과 역할을 이야기한 적이 있다. 구성 작가는 기자들이 하는 말을 귀담아듣고 한마디 해준다고 한다. '말할 때, 앞의 말은 강하게 하고, 뒤의 말은 약하게 하면 좋겠다', '문장에서 한 단어는 빼고, 다른 단어를 사용하면 더 좋은 문장이 된다', '뒤 문장을 앞으로 하고 앞의 문장을 뒤로하면 좋은 문장이 될 것이다' 등등이다. 구성 작가의 한 마디 조언에 따라 시청자에게 들려지는 말이 달라진다고 한다. 기자들이 기사를 전달하기 위해 구성 작가를 왜 두는가? 구성에 따라 말과 글이 확연하게 달라지기 때문이다. 결국, 말과 글은 구성에 따라 좌우됨을 알 수 있다.

어떤 말과 글이든 구성이 중요하다. 마찬가지로 설교도 구성이 중요하다. 설교자들은 성경 해석에 따라 영향력이 결정된다고 생각한다. 나는 설교가 구성에 따라 설교의 영향력이 결정된다고 생각한다. 설교에서 배열만 바꿔도 완전히 달라진 콘텐츠가 되기 때문이다.

세상은 콘텐츠다운 콘텐츠를 만들고자 할 때 구성을 통해서 만든다. 구성에 따라 글이나 시나리오가 완전히 달라진다. 더 나아가 사람들도 구성에 따라 관심을 보이기도 하고 무관심으로 일관하기도 한다. 그렇다면 설교자는 설교 구성에 깊은 관심을 가져야 한다.

들리는 설교, 구성에 의해 좌우한다

글은 서론, 본론, 결론이나 기, 승, 전, 결로 되어 있다. 설교에서 도입을 재미있게 할지, 성경으로 할지, 책 이야기로 할지에 따라서 설교가 달라진다. 그러므로 설교를 만들 때 구성을 어떻게 할 것인가에 많은 시간을 투자해야 한다.

동명의 소설을 바탕으로 한 영화, 〈원 데이(One Day)〉의 구성이 독특하다. 특정 날짜인 매년 7월 15일에 일어난 일을 중심으로 이야기를 만들어간다. 7월 15일은 대학교 졸업식이었다. 이날 두 남녀 주인공이 처음 만났다. 이 두 사람이 사랑과 우정 사이를 맴돌며 함께 만들어낸 날, 스무 번의 특별한 7월 15일. 이 하루로 이야기를 전개해간다.

MBN에서 방영하는 드라마 「보쌈」은 구성을 1부, 2부, 3부로 되어 있다. 1부와 2부는 길게 하지만, 3부는 짧게 구성한 뒤 드라마가 끝난다.

마찬가지로 설교도 구성을 어떻게 하느냐가 중요하다 설교자는 설교를 만들 때, 서론을 무엇으로 할지, 서론 다음에 무엇으로 기술할지, 적용은 어디쯤에서 해야 할지, 예수님과 연결은 어떨 때 해야 할지 등의 구성이 중요하다. 그러므로 설교자는 설교를 만들 때, 구성을 어떻게 해야 하는지 깊이 고민해야 한다.

친구의 설교를 봐 준 적이 있다. 살펴보다가 구성을 조금 바꾸었고, 제목을 몇 번 더 언급했더니, 친구는 자신의 설교가 완전히 달라졌다고 신기해했다. 이처럼 설교를 만들 때, 구성을 어떻게 하느냐에 따라 교인과의 소통이 결정된다.

구성은 인문학적 요소다

신학은 구성을 강조하지 않는다. 신학교 다니면서 설교 구성에 대한 말을 들은 적 없다. 오로지 성경 해석만 귀가 따갑도록 들었다. 구성은 신학교 졸업 후 유진 L. 로우리(Eugene L. Lowry)의 『이야기식 설교 구성』을 통해서 처음 알게 되었다.

구성에 대해 본격적으로 알게 된 것은 책을 읽기 시작하면서부터다. 인문학책을 읽는 과정에서 구성이 중요성을 서서히 깨닫기 시작했다. 어느 날, 마치 하늘이 처음 열리는 날인 듯한 날에 구성의 가치가 한눈에 들어왔다. 그 뒤 설교에서 구성에 신경을 썼다. 당시 책을 통해 배운 것은 설교를 잘하는 설교자들은 이미 설교를 구성에 근거해 설교를 하였다.

설교는 신학과 인문학의 교차점에서 만나야 한다. 인문학에 조금만 관심 가지게 되면 글의 구성 즉 설교의 구성이 어느 정도 중요한지 인지한다. 그 이유는 설교는 문학 작품과 같아야 하기 때문이다. 이런 이유 등으로 설교에서도 구성은 신학 영역이 아니라 인문학 영역이라 할 수 있다.

신학을 전공한 사람들은 성경 해석을 중요시한다. 하지만 교인들은 성경 해석에 못지않게 설교 구성을 중요시한다. 그 이유는 구성이 좋은 설교가 잘 들리기 때문이다.

성경 해석에 신경 쓰는 설교자는 설교가 설명 중심이다. 하지만 구성에 신경 쓰는 설교자는 설교가 논증 중심이다. 이는 구성이 어느 정도 다른지를 한눈에 보여준다.

구성으로 라이크(Like)를 명중시켜라

구성은 마법과도 같다. 어떤 구성이냐에 따라 설교를 듣고 싶어 하거나 설교를 듣는 것을 꺼리기 때문이다. 이왕이면 다홍치마라고 교인이 좋아하도록 설교를 구성함이 중요하다. 교인이 관심을 끌도록 교인의 라이크가 무엇인지 파악해 구성해야 한다.

나는 영화관에 가면 예고편을 놓치지 않으려 한다. 예고편에 따라 영화 관람을 결정하기 때문이다. 영화의 예고편을 관람하려 하는 것은, 예고편이 한 편의 영화를 집약해서 구성해주기 때문이다. 예고편은 그 영화의 재미와 스릴 그 다음 전개를 관람하지 않고는 못 배기게 해준다. 그 결과 영화를 관람하느냐의 여부가 영화의 예고편이 결정적인 영향을 준다.

문화심리학자인 김정운은 『에디톨로지』에서 이런 말을 한다.

"창조는 편집이다."

편집을 어떻게 하느냐에 따라 창조가 될 수 있다는 것이다. 예능, 드라마, 영화 등은 제작한 뒤 가장 심혈을 기울이는 것이 편집이다. 그 이유는 편집 구성에 따라 재미, 감동, 시청 등이 결정되기 때문이다.

그렇다면 설교자도 설교를 만들 때, 설교 구성에 전력해야 한다. 구성이 어떠냐의 여부에 따라 듣고 싶은 설교가 되기도 하고 들어도 그만 듣지 않아도 그만인 설교가 된다.

설교를 구성할 때, 두 가지의 '원함'을 담아야 한다. 하나는 '하나님의 원함'이다. 또 다른 하나는 '교인들의 원함'이다. 설교자는 이 두 원함을 설교안에 담기도록 구성해야 한다.

하나님의 원함은 바른 해석에 있다. 바른 해석은 교인들이 하나님의 뜻을 바로 알도록 도와준다. 교인들의 원함은 설교를 통해 하나님을 만난 영적인 만족을 얻고자 한다. 교인들은 그들이 선호하는 것, 그들이 마음과 영혼이 마음에 들기를 원한다.

이화여대 교수인 최재천 등이 쓴 『코로나 사피엔스』에서 아주대학교 심리학과 교수인 김경일은 '코로나19' 이후에 고객은 원트(Want)가 아니라 라이크(Like)로 행복의 척도가 바뀐다고 말한다. 그 이유는 '라이크'가 만족감을 가져다주기 때문이다.

설교도 마찬가지다. 교인들은 설교를 통해 하나님을 만나고, 마음이 만족하길 원한다. 따라서 설교자는 교인들이 만족감을 느낄 수 있도록 설교의 구성을 통해 '라이크'로 느껴지도록 해야 한다.

교인은 마음에 들고, 만족할 때 자신이 하나님을 위해서 어떻게 살아야 하는지에 대해서 고민하기 시작한다. 더 나아가 하나님의 말씀과 일치하는 삶을 살기 위해 노력한다. 그렇다면 설교자는 구성을 어떻게 할 것인가를 고민하고 고민해야 한다.

설교에서 사용되는 구성요소

설교에는 많은 구성요소가 사용된다. 하지만 처음부터 이 많은 요소를 사용할 수도 없고, 사용할 필요도 없다. 그러나 구성요소가 많으면 낯설게 설교하는 데에는 좀 더 유리할 수 있다.

설교자가 설교에 사용할 수 있는 구성요소는 아래와 같다.

- 도입하기(가능하면 낯설게 도입하기)
- 본문의 역사적 배경 설명하기
- Why로 질문하기
- What으로 질문하기
- How로 질문하기
- 개념 활용하기, 개념 활용에는 두 가지가 있다. 유사한 개념과 반대의 개념이다.
- 본문과 연결하기
- 하나님의 나타난 사랑 발견하기
- 하나님께서 역사하신 것을 발견하기
- 예수그리스도와 연결하기

- 제목 잡게 된 동기(이유) 쓰기
- 현실과 연결하기
- 예수의 비유법 중 한 단어 사용하기
- 예수의 비유법 중 두 단어 사용하기
- 영적 연결
- 자기와의 연결
- 전문가 견해(인용)
- 명문장 사용
- 책 인용
- 단어 혹은 구절 설명과 주석
- 적용
- 등장인물 마음을 연결하기
- 제목을 마음으로 읽어내기
- 하나님의 마음과 의도 찾아내기
- 결론(마무리)

　설교자들은 위의 구성요소를 설교에서 슬기롭게 사용해야 한다. 이 구성을 설교에 잘 녹아들게 하려면 구성 사용에 대한 많은 연습이 필수적이다. 또한, 연습을 통해 점점 그 역량을 넓혀서 많은 구성요소를 사용할 수 있게 된다.

2

아트설교연구원에서
사용하는 구성요소들

설교 구성요소 사용하려면 훈련이 뒤따라야 한다

아트설교연구원의 수업내용은 독서 토론, 특징 글쓰기, 차이점 글쓰기, 창조적 성경묵상법, 설교구성을 통한 설교 글쓰기 등이다.

독서 토론, 특징 글쓰기, 차이점 글쓰기는 수업 시간마다 한다. 하지만 창조적 성경묵상법, 설교구성은 격주로 하는 편이다. 이는 제한된 시간 안에서 글을 쓰고 발표하기에는 부족하기 때문이다.

설교자들은 모든 훈련을 좋아하지만, 그중에서도 설교 구성 훈련을 가장 좋아한다. 설교와 직접 연결되기 때문이다.

설교 구성 훈련을 할 때, 설교자들은 처음 접하기에 당황해한다. 하지만 어느 정도 훈련을 받으면 이 훈련의 매력에 빠진다. 해 왔던 설교 구성과 확연하게 다르기 때문이다.

설교자가 해야 할 설교 훈련은 많다. 그중에서도 구성 훈련은 중요하다. 그러므로 몸에 체화될 때까지 훈련 해야 한다. 그럼 본문과 제목만 결정되면 매번 다른 구성의 설교가 가능하다.

아트설교연구원은 어떤 구성요소를 사용하는가?

아트설교연구원에서 사용하는 구성요소는 12개 정도다. 나는 회원들보다는 몇 개 더 많이 사용하는 편이다. 아트설교연구원에 오래 다닌 회원들은 10여 개 전후를 사용한다.

아트설교연구원에서 사용하는 구성요소는 아래와 같다.

- 도입(낯설게)
- 본문보기(제목 잡게 된 동기 혹은 이유)
- 제목 심화(Why로 질문하기)
- 현실과 연결시키기
- 개념 활용
- 본문과 연결시키기
- 하나님 사랑이야기(말씀 살아내기)

· How 질문(적용)

· 메시지 만들기(적용)

· 영적 연결

· 예수그리스도와 연결

· 결론(마무리와 결단)

본 연구원에서 사용하는 구성요소는 설교에서 꼭 필요한 것들이다. 이 모두를 사용할 수만 있다면 가장 이상적이다.

독자들이 본 연구원의 설교 구성요소와 그 사용법을 알고자 한다면 『설교는 인문학이다』를 참고하면 큰 도움이 된다.

설교할 때 설교 구성요소의 순서는 그다지 중요하지 않다. 즉 구성요소를 사용하는 순서는 없다는 말이다. 구성을 처음 접하는 설교자에게 도움이 되도록 순서를 정했을 뿐이다. 재미있는 것은 본 연구원에서 정한 구성 순서에 따라 설교를 하면 반응이 아주 좋다.

한 편의 설교에서 구성요소가 12가지는 많다. 구성요소는 적절해야 한다. 만약 처음부터 12가지 구성요소를 사용하고자 한다면 논리가 탄탄하다는 전제하에 사용을 권한다.

본 연구원은 아래의 구성요소를 추천한다.

· 도입(낯설게)

· 본문보기(제목 잡게 된 동기 혹은 이유)

· 제목 심화(Why로 질문하기)

· 개념 활용

· 예수그리스도와 연결

· 메시지 만들기(적용) 등 6개다.

위의 구성요소가 많다고 생각하는 설교자는 더 적은 구성 요소 사용을 추천한다. 그 구성 요소는 이렇다.

· 본문보기(제목 잡게 된 동이 혹은 이유)

· 제목 심화(Why로 질문하기)

· 예수그리스도와 연결

· 메시지 만들기(적용) 등 4개다.

내가 주로 사용하는 구성요소는 아래와 같다.

· 도입(낯설게)

· 본문보기(제목 잡게 된 동이 혹은 이유)

· 제목 심화(Why로 질문하기)

· 현실과 연결시키기

- 개념 활용

- How 질문(적용)

- 메시지 만들기(적용)

- 예수그리스도와 연결

- 결론(마무리와 결단)

    위의 9개를 본문에 따라서 개수를 유동적으로 사용한다. 어떤 때는 이 중에서 5개에서 6개 요소를 사용하기도 한다.

    콘텐츠 시대, 코로나19로 확 달라진 언택트 때에 교인에게 들리는 설교를 하려면 설교 구성에 깊은 관심을 가져야 한다.

3

구성은 역동적이어야 한다

영화, 드라마틱해야 한다

"영화가 드라마틱해서 시간 가는 줄 모르고 관람했다"

이 말은 영화가 반전이 많았다는 이야기이다. 관람객이 많이 찾는 영화의 특징 중 하나가 반전이 많다.

설교 또한 반전이 필수적이다. 설교가 문학적이라면 반전을 사용한다. 하지만 문학적이지 않다면 반전은 거의 없다. 해석과 설명 위주의 설교는 반전이 있을 수 없다. 하지만 논증 위주의 설교는 반전이 필수다.

설교는 문학적이어야 한다. 문학적이지 않다면 이는 설교를 아직 이해하지 못했다고밖에 설명할 방법이 없다. 언택트 시대에 설교는 반전이 기본 중의 기본이어야 한다.

코로나19를 거치면서 한국 교회는 콘텐츠 부재의 심각함이 드러나고 있다. 그 결과 교인들이 초대형교회의 설교에 사람들이 기웃거리지 않는다. 그 이유는 반전을 주는 설교가 아닌 것도 한 요인이다.

설교가 반전을 주어야 하는 이유는 영화가 반전을 통해 관객을 끌어들이듯이 교인이 설교를 좋아하게 하는 중요 요인이 되기 때문이다.

반전에는 엄청난 묘미가 있다. 그다음 이야기에 대한 관객의 몰입을 유도함은 물론, 관객을 그 이야기에 끝까지 몰입하게 만들어준다.

영화, 드라마 감독, 시나리오 작가들이 영화를 만들 때 반전에 반전을 주려고 무진 애를 쓰듯이, 설교자도 반전 있는 설교를 하려고 애를 써야 한다.

영상 시대는 반전이 없으면 관심이 끊긴다

유튜브 전성시대다. 유튜브는 콘텐츠, 재미, 유익, 그리고 반전이 관건이다. 3분짜리를 유튜브를 구독하게 하려면 위의 요소가 모두 갖춰져야 한다. 소위 '빵 터지도록 할 수 있어야 한다'. 그렇지 않으면 3분이 30분 마냥 길게 느껴진다. 유튜브가 갖춰야 할 요소 중 하나가 반전이다. 만약 반전이 없다면 사람들이 10초 이상 머물지 않을 확률이 높다. 그리고 조회수를 늘리기가 힘들다. 마지막으로 조회한 사람들이 '좋아요'도 눌러주지 않는다.

이렇듯 3분 영상을 만들어도 반전, 드라마틱함은 기본인데, 30분

"정(正)+정(正)+반(反)+정(正)+정(正)+반(反)+정(正)"으로 바뀌었다.

나를 비롯한 회원들은 반전 있는 설교를 하려고 부단히 노력 중이다. 이는 지루하지 않음을 물론 역동성으로 교인들이 설교에 관심과 집중을 보이도록 하기 위함이다. 더 나아가 반전 있는 설교가 기본이라고 생각하기 때문이다.

설교 글, 반전 있게 써라

설교는 구성뿐 아니라 글 또한 반전이 있어야 한다. 반전이 있는 글은 대조가 꽤 있는 글이다. 언젠가 글을 많이 쓴다는 설교자의 설교를 읽었다. 그의 설교에도 대조되는 글이 거의 없었다. 대조되는 글을 쓰려면 어느 정도 글을 쓸 줄 알 때 가능하다. 그러므로 설교자는 글을 많이 써 봐야 한다. 대조되는 글을 쓰기를 원한다면 글쓰기를 배워야 한다.

나도 예전에는 대조되는 글이 설교에 있어야 하는지조차 몰랐다. 글을 쓰다 보니 대조 있는 글을 써야 함을 깨닫고 지금은 대조 있는 글을 쓰려고 한다.

교인이 글의 반전을 원한다. 그렇다면 설교자는 대조되는 글쓰기가 필수적이어야 한다.

이찬수 목사의 『삶으로 증명하라』의 3장 제목이 "사랑이 가장 강력한 경쟁력이다."

이 설교에는 대조되는 글이 많이 있다. '소프트파워'와 '하드파워', '명사'와 '동사', '사랑'과 '음행', '진짜 사랑'과 '사이비 사랑', '진짜 사랑인가'와 '가짜 사랑인가' 등이다.

반전 있는 글의 실례: "거리 두기"

코로나19가 밉다. 언제나 가까이하고 있었던 사람들과의 친밀감을 멀어지게 만들었기 때문이다. 코로나19 이전에는 사회적 거리, 생활 속의 거리가 없었다. 할 수만 있다면 친밀한 거리, 밀착된 거리만 있었다.

거리 두기가 없던 코로나19 이전의 만남이 아주 행복했다. 코로나19가 유행하기 전까지는 행복은 언제나 가까이에 있는 줄 알았다. 하지만 코로나19 이후에는 바이러스로 인해 행복은 멀리 있어야 한다고 배우고 있다.

코로나19로 인해 정부는 국민에게 지속해서 거리를 두라고 한다. 심지어 거리 두기를 하지 않으면 공권력을 동원하겠다고 한다. 5명 이상 집합하지 못하게 한다. 사람들은 100명 이상 함께 어울리고 싶다. 교회는 모든 교인이 모여서 뜨겁게 찬양하며 기도하길 원한다.

정부에서 강제로 거리 두기를 하라고 하니 마음이 더 우울해진다. 삶의 의미까지 찾기 힘들어지고 있다. 마음은 꼭 붙어 있고 싶어 미칠

지경이다. 거리 두기로 인해 행복해야 할 신앙생활이 불행한 신앙생활처럼 느끼고 있다.

지금 상황은 최악이다. 그러나 마음은 최선이어야 한다. 현실은 불행하다. 하지만 마음은 희망이어야 한다. 예수님은 최악을 최선으로 바꾸어주신다. 절망을 희망으로 바꾸어주신다. 그러므로 언제나 뜨겁게 안아주시는 예수님께 나아가고자 해야 한다.

공권력은 강제적으로 사람과 가까이하는 것은 막을 수 있지만, 예수님께서 우리에게 가까이 오시는 것은 막지 못한다. 그러므로 예수님과 가까이할 방법을 찾아야 한다. 몸이 교회 안에는 들어가지 못하지만, 마음은 교회 구석구석을 누빌 수 있다.

환경이 좋지 않을 때일수록 우리는 예수님과의 마음의 거리를 좁혀야 한다. 교인과의 마음 거리도 좁혀야 한다. 비록 몸은 1m 이상 떨어져야 하지만, 마음의 거리는 1cm로 만들어야 한다. 할 수만 있다면 1mm로 만들어야 한다. 그것이 코로나19 시대에 해야 할 신앙생활이다.

4장

논증을 중심으로 설교하라

1. '설명' 중심에서 '논증' 중심으로 바꿔라
2. 설명 중심의 설교는 교인을 무시하는 행위다
3. 논증 법을 익혀라

1

'설명' 중심에서
'논증' 중심으로 바꿔라

논증이 중요하다

설교의 구성 요소는 서론, 본론, 결론 그리고 설명, 논증, 적용으로 구성 되어야 한다. 설교를 구성할 때, 설명 중심이 아니라 논증 중심이어야 한다. 하지만 많은 설교는 설명 중심으로 구성한다.

설교가 논증 중심이 아니고 설명 중심이 되면 들리는 설교가 되기 힘들다. 그러므로 논증 중심으로 설교 하려 해야 한다.

정민은 『체수 유병집』에서 논증의 중요성을 이렇게 말한다.

"논증으로 입증하지 않으면 설득력이 없다."

설교는 설득을 전제로 한다. 설득이 전제가 되므로 설득케 하는 논증 중심으로 설교를 구성해야 한다.

해석 중심으로 공부한 설교자가 논증 중심으로 설교를 하는 것이 어렵다. 그 이유는 논증 중심으로 설교를 하려면 증거자료가 뒷받침되어야 하기 때문이다.

이런 이유로 설교자는 증거자료 수집을 위해 최선을 다해야 한다. 논증을 위한 증거자료 수집 방법에는 독서, 경험 그리고 일상의 삶에 대한 예민함 등 세 가지다.

첫째, 독서다

정민은 논증을 설명하기 위해 연암 박지원의 『소단적치인(騷壇赤幟引)』을 이야기한다. 박지원은 『소단적치인』에서 글쓰기와 병법(兵法)을 연관 지으며 글쓰기 방법을 이야기한다.

연암은 글쓰기의 핵심으로 '혜경(蹊徑)'과 '요령(要領)'을 꼽았다. 혜경은 '갈 길'이다. 즉, 내가 지금 무엇을 하고 있고, 무엇을 말하려 하는지를 따져 아는 것이 혜경이다. 곧 공략 목표를 분명히 하는 것이 혜경이다. 혜경이 중요한 것은 표적에 정확하게 조준하고 총을 쏴야 하기 때문이다.

요령은 요령을 피운다는 말이 아니라, 문제의 아킬레스건을 꽉 움켜쥐라는 뜻이다. 핵심을 장악하고, 쟁점을 파악하라는 말이다. 내가 왜 여기에 있는지, 어디로 가는지 아는 것이 혜경이라면, 내가 무엇을 하는지, 이 문제를 해결하기 위해 어떻게 해야 하는지 아는 것이 요령이다.

혜경과 요령이 잘 이루어지면, 그다음에 세울 것은 가설이다. 가설은 자신의 관점을 세우는 과정이기도 하다. 관점이 없는 글은 글이라고 할 수 없다. 관점을 가지고 가설을 잘 세우는 것은 충실한 텍스트 읽기가 충분한 사람이 할 수 있는 일이다. 즉 책을 많이 읽어야 한다는 의미이다. 그러므로 논증 중심으로 설교 하기 위해 독서로 뒷받침해야 한다.

둘째, 논증이다

내가 세운 가설을 입증해야 내 생각에 동의하게 된다. 가설이 아무리 그럴듯해도, 논증으로 입증하지 않으면 설득력이 없다. 문제는 논증에는 많은 증거가 필요하다는 것이다.

나는 과거에 설교에서 논증이 중요하지 않다고 생각했다. 주위를 보니 다른 설교자들도 대동소이(大同小異)했던 것 같다. 성경을 해석하는 것이 제일 중요하다고 생각했었기 때문이다.

하지만 지금은 논증 중심으로 설교 해야 됨을 기회만 있으면 역설하고 있다. 그 이유는 논증의 가치를 아는 순간, 설교자의 설교가 몇 단계 업그레이드 되기 때문이다.

어떤 설교자에게 '논증 중심'으로 설교하는 방법을 말해주니 이렇게 말한다.

"오늘은 나의 설교에 대전환의 날입니다."

그에게 있어 논증 중심의 설교는 코페르니쿠스적 대전환이 일어나는 날과 같았던 것이다.

이정일 목사는 『문학은 어떻게 신앙을 더 깊게 만드는가』에서 논증의 중요성을 이렇게 이야기한다.

"팩트보다 주관적인 문학 작품이 인간을 더 잘 설명해 준다."

이 말은 성경의 말씀을 그저 기술하는 것보다 문학 작품이나 일상의 이야기 등을 통해 논증하는 것이 의미 전달이나 깊이 면에서 훨씬 중요하다는 의미이다.

설교자는 그저 성경 팩트를 기술하기보다는 논증을 통해 팩트가 묘사되도록 하는 것의 중요성을 알아야 한다.

셋째, 일상의 삶이 대한 예민함이다

"일상이 설교다."

일상이 설교가 되지 않으면 추상적인 설교에 머물 확률이 크다. 일상의 삶에 설교에 녹아들지 않으면 설교라고 말할 수 없다. 설교는 설교자가 살아내 삶을 투영하는 일련의 행위이기 때문이다.

일상의 삶에 대한 예민함을 가져야 하는 것을 이미 설교자들이 잘 알고 있기에 설명을 생략한다.

과거 나의 설교: '설명' 중심

"하나님의 말씀을 전하면 되는 것 아냐!"

아내가 나의 설교에 관해서 얘기할 때마다 했던 말이다.

나는 설교는 하나님 말씀을 제대로 해석한 뒤 교인에게 힘 있게 선포하는 행위라고 알고 있었다. 당시에 나는 설교에서 예화 하나만 논증하면 충분하다고 생각했다. 예화만 중요하다고 생각했기 때문이다. 설교에서 예화는 아주 중요하다. 부산수영로교회 부목사인 김정훈 목사는『설교의 맛을 더하는 예화 사용법』에서 설교에서 예화의 역할을 이렇게 말한다.

첫째, 설교의 주제를 분명하게 하고 구체화 시킨다. 둘째, 예화는 본문의 핵심 메시지를 청중이 잘 기억하도록 인상을 남긴다. 셋째, 예화는 설교를 흥미 있게 해서 청중의 주의를 집중하게 한다. 넷째, 예화는 설교의 주제를 청중의 삶에 적용하고 실천할 수 있게 하는 다리가 된다.

예화는 설교에서 많은 역할을 한다. 예화가 중요함을 알기에 예화를 충분히 사용하려 한다. 예화가 논증에서 차지하는 비중이 크기 때문이다.

그렇다고 예화를 많이 사용하지 않았다. 과거에 나의 설교는 오로지 성경 해석으로만 설교하려 했다. 때로는 성경 한 구절, 읽은 성경의 단어나 구절 풀이, 당위적인 적용으로 마무리 했다.

아내는 어릴 적부터 책을 많이 읽었다. 책을 많이 읽어서인지 설명 중심의 설교를 아주 싫어했다. 설교만 끝나면 한 마디 하는 것이 일상이었던 것은 설명 중심의 설교였기 때문이다. 이제 나의 설교를 논증 중심이다. 논증 중심으로 설교를 하니 이제는 나의 설교에 대해 어떤 불평도 하지 않는다.

옥한흠 목사의 설교: '논증' 중심

작가나 설교에 영향력이 있는 설교자들의 글이나 설교는 설명 중심이 아니라 논증 중심이다. 나는 옥한흠 목사의 설교 글이 보이면서 글쓰기에 눈이 띄였다. 그의 설교는 논증 중심이었다. 당시 그가 논증 중심으로 설교를 하고 있었다는 그 자체가 내겐 충격이었다.

충격을 받은 뒤 회원들과 함께 그의 설교를 분석했다. 분석했더니 혼자 받은 충격 이상으로 충격이 더 컸다. 전에 생각했던 것보다 더 논증 중심이었기 때문이다. 그는 자신의 주장 하나에 논증을 10개 이상까지 했다. 설명이 전부였던 나의 설교에 비하다 보니, 공부하지 않은 나 자신이 밉고 부끄러웠다.

'난 여태 뭐 하며 목회했는가?', '설교를 도대체 어떻게 알고 있었는가?'

나는 성경을 분석하여 쪼개는 것이 설교라고 알고 있었으니 교인들이 설교에 불만을 터트리는 것도 충분히 이해가 되었다.

주변을 보니 지금도 많은 설교자가 설명 중심의 설교를 하고 있다. 문제는 많은 젊은 목사들도 설명 위주로 설교를 하고 있다는 데 있다. 논증 중심인 옥한흠 목사의 설교를 배운 뒤 설명 중심에서 논증 중심으로 설교를 바꾸었다. 설교가 바뀌니 아내는 물론 교인도 설교를 칭찬해주기 시작했다. 더 나아가 안 들린다던 설교가 들린다고 말해주었다.

2

설명 중심의 설교는
교인을 무시하는 행위다

설명 중심으로 설교하는 것은 신학교와 독서의 문제다

설교자가 설명 중심으로 설교를 하는 것은 두 가지 문제가 있다고 생각한다. 첫째는 신학교에서의 가르침의 문제다. 둘째는 설교자의 독서 하지 않음의 문제다.

첫째는 신학교에서의 가르침의 문제다.

신학교에서 강의하는 친구와 설교 글쓰기에 관해 대화했었다. 그 친구는 여전히 성경의 바른 해석만을 강조했다. 나는 그가 말하는 성경의 바른 해석의 중요성을 폄하하거나 중요하지 않다고 이야기하는 것이 아니다. 단, 바른 해석의 중요성만 역설하면, 하나님과의 관계는 바로 설 수 있을지 모르나, 교인들과의 관계는 삐걱거리는 절름발이가 됨을 이야기하는 것이다.

둘째는 설교자의 독서 하지 않음의 문제다. 앞서도 소개했지만, 설교자 대부분이 신학적인 독서를 주로 한다. 문제는 신학 도서의 대부분이 설명 위주이다. 설교자는 인문학 독서도 해야 한다. 이는 일반 책들은 논증 중심으로 되어 있기 때문에 논증 설교를 개발할 수 있는 역량을 키울 수 있다.

설교자는 신학교 탓만 할 수 없다. 독서를 하지 않은 자기 탓을 해야 한다. 신학교는 설교 전체를 가르쳐 줄 수 있지 못하는 여건이기 때문이다. 책을 많이 읽으면 어떻게 글을 써야 하는지 터득한다. 그리고 설교가 해석 중심이 아닌 논증 중심으로 해야 함을 절감한다.

설득이 아니라 설명하는 것은 교인을 무시하는 행위다

설명 위주의 설교는 교인에 대한 무시 행위다. 사람들은 대화할 때 설득하길 원한다. 그리고 기분 좋게 설득당하길 바란다. 교인을 기분 좋게 설득하기 위해서는 무수한 논증이 뒷받침되어야 한다. 무수한 논증이 뒷받침되지 않으면 설득 자체가 어렵기 때문이다.

만일 논증이 빠진 채, 설명 위주의 설교를 통해 설득하기를 한다면, 교인은 자신을 무시한다고 생각할 수 있다. '아, 이런 설명으로 설득당하기를 원하는구나.' 이것은 설교자가 설교를 통해 교인을 무시하고 있다는 것과 다름없다. 왜냐하면, 교인들은 기분 좋게 설득당하고 싶기 때문이다.

철학자인 김용규는 『설득의 논리학 - 말과 글을 단련하는 10가지 논리 도구』에서 이런 말을 한다.

"아홉 개의 설명보다 한 개의 예를 들라."

아홉 개나 되는 설명보다 한 개의 확실한 논증이 훨씬 효과적이기에 하는 말이다. 설교자는 설교를 통해 교인을 설득해야 한다. 설득은 사실을 설명으로는 부족하다. 논증을 중심으로 설교를 해야 하나님께 설득당한다. 그것도 기쁘게.

하지만 정작 많은 설교자가 반대로 설교하고 있다. 우리는 알아야 한다. 설교는 논리적 글쓰기다. 이 논리적 글쓰기의 핵심은 설명이 아니라 논증이다.

우리가 논증 중심으로 설교해야 하는 중요한 이유가 또 있다. 예수님께서도 설명 중심으로 설교하지 않으셨기 때문이다. 예수님께서도 논증 중심으로 설교를 하셨다. 모두 한 가지 이상의 비유를 들어 누구나 들으면 알 수 있도록 설교하셨다. 그렇다면 설교자도 논증 중심으로 설교해야 한다. 특히 언택트 시대에는 더욱더 논증 중심의 설교를 할 수 있는 기본기를 갖추어야 한다.

글은 논증 중심으로

글은 논증을 중심으로 써야 한다. 특히, 작가들은 글을 논증 중심으로 쓴다. 이 글을 쓰고 있을 때 김미경의 『김미경의 리부트』라는 책을 읽고 있었는데, 그 책을 한번 분석해보고 싶은 마음이 들었다.

읽고 있던 부분 5페이지만 분석을 했다. 이 책을 분석한 결과는 아래와 같다.

"논증+설명+논증+논증+논증+논증+논증+설명+논증+적용"

이 책도 논증 중심으로 쓰여 있다.

언젠가 제가 강의하는 데 한 회원이 이런 말을 했다.

"목사님!, 목사님은 모든 말을 논증 중심으로 하시네요!"

약 10분 정도 이야기했는데, 잠깐 설명한 뒤 5개의 논증만으로 이야기했다는 것이다.

글은 논증 중심으로 돼 있다. 설교 글도 논증 중심으로 돼 있어야 한다. 설교자가 설교를 논증으로 해야 하는 근거가 있다. 설교자의 설교는 세 가지 원칙에 따라 해야 하기 때문이다.

첫째, 자기가 하고 싶은 말에 대한 정의를 내린다.
둘째, 자기주장에 대한 근거를 제시한다. 즉, 논증한다.
셋째, 자기주장에 대한 사례를 든다.
이런 원칙에 따라 하는 설교는 논증 중심으로 하는 설교이다.

3

논증 법을 익혀라

작가들에게 배워라

매해 진행하는 〈논증법 세미나〉를 통해 참가자들은 점점 논증에 중요성을 깨닫고 있다. 또한, 어떻게 논증을 해야 할 것인가에 대한 진지하게 고민하고 있다. 설교에 어떻게 논증을 녹아들게 할 것인가, 교인들과 잘 소통할 것인가에 대한 고민 또한 점점 깊어지고 있다.

2020년도 논증 세미나에서는 설교집 2권과 일반 작가의 책 2권을 분석했다. 두 권의 일반 작가는 전 경향신문 기자이자 방송인 유인경 작가이고 진보정당 활동가이자 강연자 강상구 작가다.

두 명의 작가들의 책은 철저하게 논증 중심이었다. 아래 분석이 두 작가의 글이 논증 중심임을 보여준다.

실례 1)

유인경 작가의 『퇴근길, 다시 태도를 생각하다』의 한 꼭지인 〈겸손이라는 안전장치를 가졌는가〉의 글 구성은 아래와 같다.

설명+논증+논증+논증+논증+논증+논증+논증+설명+논증+논증+논증+설명+논증+적용(마무리)

글을 구성한 구성요소 16개 중에서 논증이 12개, 설명이 3개다.

실례 2)

유인경 작가의 『퇴근길, 다시 태도를 생각하다』의 한 꼭지인 〈성공한 사람들은 대체로 단순하다〉의 글 구성은 아래와 같다.

논증+논증+논증+논증+논증+논증+논증+논증+설명+논증+논증+논증+적용.

글을 구성한 구성요소 13개 중에서 논증이 11개, 설명이 1개다.

실례 3)

강상구 작가의 『그때, 장자를 만났다』의 한 꼭지 〈말은 들어야 완성된다〉의 글 구성은 아래와 같다.

설명+논증+설명+적용+논증+적용+설명+논증+논증+논증+적용+적용+논증+설명+적용+논증+논증+적용.

글을 구성한 구성요소 19개 중에서 논증이 8개, 설명이 4개다.

실례 4)

강상구 작가의 『그때, 장자를 만났다』의 한 꼭지 〈발자국은 발이 될 수 없다〉의 글 구성은 아래와 같다.

설명+적용+설명+논증+논증+논증+적용+설명+논증+논증+논증+논증+적용+설명+적용+설명+논증+적용+논증+설명+적용+논증+논증+논증+적용+논증+적용+논증+적용+설명+적용+논증+논증+적용+논증+적용+논증+설명+논증+적용

글을 구성한 구성요소 40개 중에서 논증이 19개, 설명이 6개다.

이렇듯이 작가인 유인경과 강상구는 설명보다는 논증 중심으로 글을 썼음을 알 수 있다.

설교자들에게 배워라

작가들과 설교자들의 글은 논증의 측면에서 차이가 난다. 물론 전문 작가와 설교자들은 차이가 있을 수밖에 없다. 이 점을 고려하고서 우리는 설교자 두 명의 설교를 분석했다. 이찬수 목사와 팀 켈러(Timothy J. Kelle) 목사다. 두 명의 설교자들의 설교도 논증 중심이다. 이 두 작가의 글을 분석하면 아래와 같다.

이찬수 목사의 『아이덴티티』중 〈하나님 사람의 신분의식〉의 글 구성은 아래와 같다.

설명+논증+설명+설명+적용+설명+논증+적용+설명+적용+설명+논증+적용+논증+논증+논증+논증+설명+적용+설명+적용+적용+설명+논증+설명+설명+논증+논증+논증+설명++논증+논증+논증+설명+설명+논증+논증+설명+논증+논증+적용+설명+논증+적용+논증+논증+적용+적용+논증+적용이다.

글을 구성한 구성요소 50개 중에서 논증 21개, 설명 16개, 적용 11개다.

팀 켈러(Timothy)목사의 『팀 켈러, 하나님을 말하다』의 〈하나님이 선하다면 왜 세상에 고통을 허락하시는가〉의 글 구성은 아래와 같다.

설명+논증+논증+적용+설명+논증+적용+설명+논증+논증+논증+논증+논증+적용+설명+논증+논증+논증+논증+논증+적용+논증+논증+적용+설명+논증+논증+논증+논증+논증+설명+설명+논증+논증+논증+논증+논증+논증+적용+설명+논증+설명+논증+적용+설명+논증+설명+논증+설명+논증+논증+논증+논증+적용+설명+논증+논증+적용이다.

글을 구성한 구성요소 59개 중에서 논증 37개, 설명 13개, 적용 9개다.

논증을 더 많이 사용하고 적게 사용한 부분은 있지만, 공통적인 것은 이찬수 목사와 팀 켈러 목사의 설교는 모두 논증 중심이라는 것이다. 설교 적용이 10개 전후인 것을 볼 때, 적용하기 위한 설교임도 알 수 있다.

또한, 이들의 설교 분석을 통해 알 수 있는 것은 교인들에게 반응이 좋은 설교자들은 논증 중심으로 설교를 한다는 것이다.

논증을 배워서 교인 줘라

작가 박홍순은 『말의 전쟁』에서 논증의 여러 가지 방법을 이야기한다.

첫째, 사실에 기초한 사례로 제압하라.

사례를 사용할 때는 몇 가지 주의점을 이야기한다. 먼저는 논의하는 주제의 쟁점과 아주 긴밀하게 연결할 수 있어야 한다. 다음으로는 많은 사람이 기억하는 사건일수록 설득 효과가 커진다.

둘째, 우화를 활용하라.

우화는 역사적 사건이나 주변 현실에서 적합한 사례를 찾기 어려울 때 효과를 발휘한다. 우화는 여러 주제에 걸쳐 다양한 이야기가 있고, 사람들에게 친숙하다는 점에서 매우 유용하다.

셋째, 본보기가 되는 가상 사례로 논증하라.

동서양을 막론하고 성인이나 대사상가로 불리는 사람들은 대부분 사례를 통한 설득에 능통했다. 곧 전문가의 견해나 명언 등은 좋은 논증 거리다.

넷째, 과학적 근거로 논증하라.

과학적 실험이나 측정을 통해 확인된 결과도 실제 사례로서의 효과를 발휘한다.

다섯째, 비유와 비교로 논증하라.

위의 다섯 가지 논증 방법을 적절하게 활용해야 한다. 그는 덧붙여 말하길, 〈수사학〉에서는 논증의 가장 중요한 부분으로 입증과 반박을 강조한다고 말한다. 설교자가 논증을 사용할 때도 입증할 수 있는 것과 반박할 수 있는 것을 모두 사용해야 한다. 입증을 통해서는 자기주장을 관철해야 한다. 그리고 반박을 통해서는 반대하는 자의 주장을 무력화시킬 수 있어야 한다.

설교자들은 영향력 있는 설교자의 설교와 일반 작가 중 글을 쓸 줄 아는 작가의 글을 연구하고 분석해야 한다. 그다음 자신의 설교를 비교 분석해야 한다. 그다음 자신이 설교를 논증 중심으로 속히 바꿔야 한다. 그리고 논증 중심으로 한 설교를 교인에게 들려주어야 한다. 논증 중심의 설교를 들은 교인은 행복한 신앙생활과 변화된 자신을 설교자에게 보여줄 것이다.

5장

설교는 글쓰기다

1. 설교는 글로부터 시작된다
2. 탁월한 글이 사람을 낚는다
3. 글을 쓸 때 고려할 요소가 있다
4. 예수님의 비유법이 설교 글쓰기의 기초이자 마침표다

1

설교는
글로부터 시작된다

설교는 글쓰기다

설교는 삶이다. 넓은 의미에서 설교는 신학도 아니고 설교학도 아니고 삶이다. 이것이 30년 이상 목회를 하고, 13년 째, 설교자들을 가르치면서 내린 설교에 대한 정의이다.

설교가 삶인 것은 일주일간의 삶, 즉 살아낸 것, 시간 사용, 만난 사람들, 읽은 책의 내용 등, 설교자가 살아내어 삶에 녹아든 것을 교인들에게 나누는 것이기 때문이다.

삶에 녹아든 것을 나누려면 우선 글을 써야 한다. 그래서 좋은 의미에서 설교는 글쓰기다. 나는 설교 글쓰기 책을 두 권 저술했다. 하나는 나오자마자 뜨거운 반향을 일으킨 『설교는 글쓰기다』이다. 그리고 앞의 책과 같이 독자들로부터 큰 사랑을 받은 『나만의 설교를 만드는 글쓰기 특강 - 목회자는 설교로 기억된다』이다.

특히, 『설교는 글쓰기다』를 출간한 뒤, 설교에 대한 정의를 곡해한다는 말을 들었다. 그래서인지 '설교는 글쓰기다'라고 하면 듣게 되는 말이 있다.

"설교는 말이지 무슨 글인가? 신학교 때, 설교는 선포라고 배우지 않았던가?"

"성령의 충만함을 따라 설교하면 되지 무슨 글을 써서 설교한단 말인가?"

맞는 말이다. 틀리지 않는다. 하지만 나는 설교는 글쓰기임을 또한 추가하고자 한 것뿐이다.

설교에는 세 영역이 있다.

첫째는 하나님의 영역이다.

둘째는 설교자의 영역이다.

셋째는 교인의 영역이 있다.

이 세 영역 중에서 우리는 설교자의 영역에 해당한다. 설교자가 설교하기 위해서는 우선 글을 써야 한다. 글을 써야 설교를 만들 수 있기 때문이다.

많은 설교자가 설교를 전문으로 다 쓰지 않는다. 그 결과 '설교는 말이다'라고 이야기 하는 것이다. '설교는 글쓰기다' 라고 정의를 내리면, 설교 전문을 다 쓴다. 본 연구원은 설교 글쓰기를 가르친다. 그 말은 설교 전문을 쓰게 한다는 말이다. 설교자가 설교 전문을 쓰지 않는 것은 설교 글쓰기를 할 줄 모르기 때문이라고 생각한다.

설교가 글로 나타나지 않으면 진정한 설교가 될 수 없다

"설교는 선포다"

신학교 때부터 들은 말이다.

설교가 선포라고 하면 '글은 필요 없다'라는 말이 될 확률이 높다. 그 결과 설교는 글쓰기가 아니라, 말 잘하기가 된다.

예전에 하루에 10시간씩 기도하는 설교자가 아트설교연구원에 배우러 온 적이 있다. 그는 성령 충만한 상태로 설교를 한다고 했다. 그런데 교인들이 설교에 만족하지 못한다는 고민을 털어놓았다. 이는 설교자 영역에서 본인의 책임을 완수하지 못한 결과다.

설교가 글로 나타나지 않으면 진정한 설교자라 할 수 없다. 설교 한 편도 내 글로 쓰지 못하는데 어떻게 설교자라고 할 수 있는가? 그저 무늬만 설교자일 뿐이다. 무늬만 설교자가 되는 것은 설교자가 지적인 영역 특히 글쓰기 영역을 소홀히 한 대가를 치르는 것이다.

설교자는 기도해야 한다. 기도도 중요하고 성경 읽기도 중요하지만, 마지막에 해야 하는 설교를 글로 작성하지 못한다면 이는 목회의 길을 심각하게 고민해야 한다.

지금까지 많은 설교자를 가르치며 만났다. 대부분은 설교를 기도만으로 충분하다고 생각하는 경향이 짙다. 20세기에는 그럴 수 있었다. 하지만 21세기, 성인의 50%가 대학교를 졸업하는 우리나라에서는 그러면 안 된다.

한 회원은 지금까지의 목회를 많이 후회하고 있었다. 그는 신학교 때부터 공부보다는 기도에 집중했다. 공부해야 할 때, 기도하기를 선택했다. 목회하고 있는 지금, 자신을 가장 힘들게 하는 것이 바로 공부하지 않은 것이다. 심지어 교인들이 설교에 대한 불만으로 심방도 원하지 않는다고 한다. 그 결과 뒤 늦게 죽으라고 열심히 공부하고 있다.

어떤 목회자는 기도와 전도에 매우 열정적이었다. 그 목회자는 공부보다는 전도에 더 관심을 많이 쏟았고 당연히 공부는 뒷전이었다. 교인들은 그 목사의 설교 듣기를 아주 힘들어했다. 가정이나 직장에 심방 오는 것도 달가워하지 않았다. 담임 목회도 했지만, 설교 때문에 끝까지 이어가지 못했다.

나도 별반 다르지 않다. 기도와 전도 중심으로 목회하는 것이라고 생각했다. 뜨거운 기도를 한 뒤 교인들이 가정에 심방을 간다고 하면 좋아할 줄 알았다. 전혀 그렇지 않았다. 교인들은 목사가 심방해서 설교하는 것을 듣고자 하지 않았다. 공부를 시작한 뒤에야 상황이 역전되었다. 그 이후부터 교인들이 적극적으로 가정 심방을 원했다. 달가워하지 않던 심방을 원하는 이유를 물어보니, 예전에는 별 들을 말도 없는 설교가 시간 낭비라고 생각했다는 것이다. 하지만 공부를 한 뒤 지식이 더해지니 심방을 통해서 설교를 더 듣고 싶고, 심방을 받고 싶어졌다고 했다.

설교자의 역할 중 가장 큰 비중을 차지하는 것이 설교다. 교인이 예배, 심방 등 설교를 들을 때마다 행복해야 한다. 따라서 설교자는 본인의 설교가 교인들이 들었을 때, 충분히 설득되도록, 들리고 감동하도록 할 책임이 있다. 이 책임을 완수하는데 가장 많은 비중을 차지하는 것이 바로 설교 글쓰기다.

글을 잘 쓰는 설교자와 글을 잘 쓰지 못하는 설교자의 설교에 대한 차이는 엄청나다. 교인들은 좋은 글에 반응을 보인다. 그러므로 설교자는 글을 잘 쓰기 위해 노력에 노력을 경주해야 한다.

기도를 10시간씩 하던 설교자와 나눈 이야기는 아직도 잊을 수가 없다. 그의 교회에 문제가 많은 교인이 등록하면, 기도를 통해 문제를 해결 받고는 바로 다른 교회로 곧바로 옮긴다는 것이다. 그 이유는 막상 설교가 교인들 삶을 파고들고 변화시키지 못했기 때문이다.

설교자가 목회하면서 꼭 기억할 것이 있다.

'교회들이 그 교회에 머물게 하는 요소 중 가장 강력한 것이 설교다.'

교인들은 교인들이 좋아서, 교회의 시설이 좋아서, 교회의 프로그램이 좋아서 머물 수도 있다. 하지만 정작 영적인 갈증이 커지면 그 갈증을 채워줄 교회로 떠난다. 교인의 관심은 대부분 하나다. '설교!'

교인들이 가장 관심을 기울이는 설교를 통해 행복한 교회가 되도록 하려면 설교자는 설교 글을 쓸 줄 알아야 한다.

설교 글을 잘 쓰는 회원들은 교인들에게서 종종 듣는 말이 있다.

"목사님, 설교에 은혜받았습니다."

"처음 온 사람들이 설교 좋다고 교회에 등록해요."

"제가 목사님 설교를 듣고 많이 변화되었어요."

"우리 부모님이 목사님 설교로 변화가 엄청나요."

이처럼 설교자에게 설교가 중요하다. 좋은 설교자를 만들어내는 설교 글이 중요하다. 설교 글이 중요하다면 설교 글을 잘 쓰기 위한 노력은 당연하지 않은가?

설교는 말인가? 글인가?

고신대학교 설교학 교수인 채경락은 이런 말을 한다.

"설교는 글이 아니라 말이다. 좋은 설교는 그래서 좋은 글이 아니라 좋은 말이다."

나는 크리스천투데이에 이런 말을 했다.

"설교는 '말'이 아니라 '글'이다."

채경락 교수의 말이 틀리지 않다. 맞는 말이다. 다만 설교를 바라보는 관점이 다를 뿐이다. 설교 표절 문제가 심심치 않게 커진다. 이는 말 때문이 아니라 글 때문이다. 설교 표절 문제만 놓고 보면 설교는 말보다는 글이어야 함을 알 수 있다.

말은 글이 뒷받침되어야 한다. 만약 말을 할 때 글이 뒷받침되지 않으면 말의 영향력은 반감된다.

채 교수는 좋은 설교는 모름지기 말다운 말, 좋은 말로 준비되어야 한다고 강조한다. 이도 맞는 말이다. 설교는 말이다. 동시에 설교는 글이다. 설교자는 말쟁이다. 동시에 설교자는 글쟁이다. 말쟁이가 되기 위해서는 우선 글쟁이가 되어야 한다. 나는 그것을 강조하고자 한다.

설교는 글로부터 시작된다

'설교는 글이다.' 설교는 글로부터 시작하여 말에 의해 마무리된다. 그러므로 시작인 글이 더 중요하므로 설교는 글이다.

현재 한국 교회는 세상의 문화와 경쟁을 하고 있다. 자세히 살펴보면 이 경쟁에서 한참 뒤처지는 것이 있는데 그것은 글이다. 결코, 말이 아니다.

설교가 글로부터 시작된다면 설교자는 글을 쓸 줄 알아야 한다. 그냥 글을 쓰는 수준이 아니라 문학작품 수준의 글을 쓸 수 있어야 한다. 당장은 문학작품 수준으로 쓸 수 없을지라도 언젠가는 문학작품 수준의 글을 쓰려고 해야 한다. 그럴 때 비로소 세상 문화와 경쟁해 볼 만하다.

이미 아이들은 세상에서 매력적인 만화, 영상에 빠져 살아간다. 이는 기독교 문화가 세상의 문화에 비해 매력적이지 못하기 때문이다. 이를 회복하려면 글을 쓸 줄 알아야 한다. 특히, 문학작품 수준의 글을 쓸 줄 알아야 한다.

『문학은 어떻게 신앙을 더 깊게 만드는가 – 시와 소설과 그리스도인』의 저자인 이정일은 세상의 책보다 수준 높은 책을 쓰려고 한다. 이는 기독교 글쓰기 수준을 높여야 한다는 사명감에 기인한다.

21세기 세상과 무한경쟁을 펼치고 있는 설교자는 지금 수준의 설교 글로도 부족하다. 지금보다 훨씬 나은 설교 글을 쓸 줄 알아야 한다. 그러려면 신학교에서 글쓰기를 가르쳐야 한다.

『좋은 기업을 넘어… 위대한 기업으로』의 작가인 짐 콜린스(James C. Collins)가 이런 말을 했다.

"좋은 것(good)은 큰 것(great), 거대하고 위대한 것의 적이다."

좋은 것으로 만족하면 안 된다. 위대함으로 나아가야 한다. 위대함으로 나아갈 때 세상과 견주어 이길 수 있다.

설교자는 글쟁이여야 한다

설교자는 글쟁이다. 하지만 말쟁이로 만족하는 것 같다. 공부를 하지 않으니 글쓰기 이전부터 설교에 어려움을 겪는다. 설교 본문 정하는 것에서부터 고민에 휩싸인다. 본문을 정하는 것이 힘든 것은 텍스트(Text)와 컨텍스트(Context)를 연결할 수 있는 능력이 부족하기 때문이다.

설교 한 편 작성하는 것은 산 너머 산이다. 그 이유는 글쓰기를 배우지 못한 것에 있다. 상황이 이러다 보니 다른 사람의 글을 참조하지 않을 수 없다. 공부를 하지 않으니 설교 실력을 늘지 않아, 설교 한 편 만드는 것이 한 주간의 과제가 되었다.

설교자는 설교 원고 전체를 자기 생각을 담아 자기 문체로 쓸 수 있어야 한다. 기본적으로 A4 용지 5장 전후의 원고를 쓰는 것이 고민거리가 되지 않아야 한다. 고대 그리스 철학자 피타고라스(Pythagoras)가 이런 말을 했다.

"인생은 올림픽이다. 어떤 사람들은 선수로 온다. 어떤 사람은 관객으로 온다. 어떤 사람은 장사하러 온다."

당신은 어느 쪽인가?

설교자는 설교할 때, 선수여야 한다. 관객이 기대하는 선수여야 한다. 관객이 기대하는 선수는 가장 멋진 모습으로 관객에게 기쁨을 주는 선수다.

설교자는 교인에게 설교를 통해 기쁨을 줄 수 있는 프로 선수여야 한다. 그러려면 위대하게 글을 잘 쓸 줄 아는 글쟁이여야 한다.

이런 질문을 해보려 한다. 당신은 원본으로 설교하는 설교자인가? 복사본으로 설교하는 설교자인가? 원본으로 설교하는 설교자여야 한다 그러려면 글을 쓸 줄 알아야 한다.

"목회자도 글을 쓸 줄 알아야 한다."

청파교회 김기석 목사가 글쓰기에 대해 한 말이다.

김 목사는 20세기를 대표하는 유대교 사상가이자 민권운동과 반전

운동에 앞장선 행동주의자이기도 했던 아브라함 요수아 헤셸(Abraham Josua Heschel)의 말도 인용한다.

"원본(original)으로서의 삶을 버리고 복사본(copy)으로 살아가는 사람들이 너무 많다."

복사본으로 살고 싶은 사람은 없을 것이다. 하지만 글을 쓸 줄 모르면 어쩔 수 없이 복사본으로 살아가야 한다.

설교자가 살아가야 할 인생은 원본 인생이다. 하나님께서 원하시는 인생도 복사본 인생이 아니라 원본 인생이다.

설교자를 원본 인생으로 살아가게 하는 것은 글이다. 나는 설교자에게 이런 말을 하고 싶다.

'글의 차이가 설교의 차이를 만든다.

그을 쓸 줄 알고, 글을 쓸 줄 모르고의 차이가 원본 인생과 복사본 인생을 결정한다. 다시 한 번 더 질문하려 한다.

하나님께서 좋아하는 설교자는 원본 설교자인가? 복사본 설교자인가?

2
탁월한 글이 사람을 낚는다

입질만 하는 설교인가? 사람을 낚는 설교인가?

'설교'와 '낚시'의 공통점이 있다. 낚시가 물고기를 '낚는 것'이라면 설교는 사람을 '낚는 것'이다. 낚시로는 물고기의 몸을 낚지만, 설교는 교인의 마음 즉, 영혼을 낚는다.

낚시했는데 고기가 입질만 하면 절대 고기를 잡을 수 없다. 그저 세월만 낚을 따름이다. 마찬가지로 설교자가 설교했으면 교인의 마음을 낚아야 한다. 하지만 많은 설교가 교인의 마음을 낚지 못하고 입질만 할 때가 많다. 설교가 교인의 마음 입질만 하면 교인은 결코 하나님의 제자가 될 수 없다. 어디 그뿐인가. 하나님의 말씀을 바람처럼 날아가는 말씀으로 만들 뿐이다. 영혼을 낚으려면 교인이 덥석 말씀을 물 수 있을 정도의 설교를 해야 한다. 그러려면 설교 글을 탁월하게 써야 한다. 탁월한 글은 입질만 하게 하지 않고 정확하게 낚는다.

설교자들이 종종 하는 말 중 이런 말이 있다.

"그렇게 많이 설교하는데 교인들이 변화되지 않는다."

설교를 통해 교인들이 변화되지 않은 것은 입질만 하는 설교가 주요인이다. 교인의 감성뿐만 아니라 지성을 같이 낚을 수 있는 글이 채 준비되지 않았기 때문이다.

설교자의 태도가 설교를 결정한다

나는 설교자에게 이런 말을 한다.

"설교자의 능력보다는 설교자의 태도가 중요하다."

설교는 설교자의 태도인 마음가짐에 의해 결정되기 때문이다. 매주 설교를 해야 하는 설교자는 태도가 중요하다. 그럼 설교자가 설교를 대하는 태도는 어떠해야 하는가?

첫째, 설교 준비를 일찍 시작해야 한다.

둘째, 삶과 사역이 설교에 집중되어 있어야 한다.

셋째, 설교를 최대한 빨리 완성해야 한다.

넷째, 설교를 위해 충분히 기도하고 충분하게 설교 연습을 해야 한다.

많은 설교자는 주일 설교를 금요일 무렵에 시작한다. 그럼 설익은 설교가 되어 나오기 십상이다. 그러므로 설교 준비는 **빠를수록** 좋다.

제주도에서 목회하는 친구 김용일 목사는 주일 예배를 끝낸 후 바로 다음 주일 설교 준비를 한다. 늦어도 금요일 오전에 설교를 끝마친다. 그런 후 기도하면서 주일을 기다린다. 이 모습을 보면서 좋은 목사라는 생각을 했다. 그의 설교에 대한 태도가 좋았기 때문이다.

텔레비전 예능 프로그램 「골목식당」을 보면 백종원 대표가 식당 주인들에게 솔루션을 제공해주는데, 그가 가장 많이 보는 것이 바로 태도이다. 왜냐면 어떤 태도를 보이느냐에 따라 제공해준 솔루션이 제대로 발휘를 하여 개과천선을 하거나 제자리걸음 혹은 뒷걸음까지 치게 되기 때문이다.

설교도 마찬가지다. 물론 어느 설교자가 설교에 대해서 함부로 대하겠는가. 하지만 이쯤에서 우리의 설교를 대하는 태도가 어떠한지 점검해 볼 필요는 분명히 있다.

태도가 좋다면 이젠 탁월한 글을 써야 한다

"목사님, 역시 설교 잘하시는 분들은 글을 잘 쓰시네요. 새벽기도 설교 15~20분 정도의 글을 보는데 읽는 것만으로도 은혜가 됩니다. 그런데 저의 글은 로봇 같습니다. 딱딱하고 강의하는 느낌, 무엇인가 설명하는 느낌, 아무런 감동이 없습니다."

알고 지내는 목사가 내게 보낸 문자 내용이다.

이 문자에 아래와 같은 답을 보냈다.

'설교와 글은 하나입니다. 설교와 말은 그렇지 않습니다.'

'설교와 말은 그렇지 않다'라고 한 것은 글을 쓰지 않고 설교를 하는 것을 전제로 한 말이다.

물론 여전히 설교는 성경 해석이 중요하고 글을 잘 써야 한다는 것에는 동의할 수 없다고 하는 설교자도 있다. 하지만 설교자를 10년 넘게 가르친 경험에 의하면 글을 잘 쓰는 설교자가 그렇지 않은 설교자보다 교인들로부터도 대환영을 받는다.

지인 목사는 목회에 고전을 하고 있다. 그 이유는 글을 잘 쓰지 못하기 때문이다. 이는 그도 인정한다. 다른 지인 목사는 글을 잘 쓴다. 글을 잘 쓰니 코로나19 기간에도 교회가 부흥을 하고 있다. 설교자는 두 가지가 요구된다. 하나는 설교자의 태도이다. 또 다른 하나는 설교자의 글이다.

설교자는 글을 탁월하게 쓸 줄 알아야 한다. 아트설교회원들 중에 교인들이 설교를 듣고 행복해하는 설교자들의 공통점이 있는데 바로 설교가 탁월하다는 것이다. 나는 설교 글이 좋지 않은데 탁월한 설교자는 아직 만나보지 못했다.

신학 수준뿐 아니라 글의 수준도 높여야 한다

요즘 교인들이 하는 말이 있다.

'설교자들이 독서(공부)를 하지 않는다.'

어떤 장로가 이런 말까지 했다.

설교자는 '서울대학교 법대 정도의 지력을 갖춰야 한다.'

나는 그 말을 '설교자는 서울대학교 법대 정도 지적 수준을 갖춰야 한다.'라는 소망이 담긴 말로 받아들였다.

그분은 사실 설교자가 공부하지 않는 것이 안타까워서 하신 말씀이다. 오죽했으면 설교자에게 책을 많이 사드리고 싶다는 말까지 하겠는가?

교인들은 설교자가 공부하길 원한다. 설교자가 목회는 잘 한다는 말에는 설교를 잘 한다는 말이 들어가 있지 않다. 프로그램으로 목회를 하겠다는 말이기 때문이다. 그 결과 이 둘은 영원히 충돌할 것 같다. 콘텐츠 시대에 설교자는 어느 때보다 공부를 많이 해야 한다.

설교자는 신학공부를 열심히 해야 한다. 동시에 인문학 공부도 열심히 해야 한다. 그리고 공부한 만큼 글쓰기 공부도 해야 한다. 글의 수준을 많이 높여야 한다.

글이 어려우면 교인을 낚지 못한다

설교 글이 쉬워야 한다. 글이 쉬우려면 내공을 쌓아야 한다. 내공을 쌓을 때, 글을 쉽게 쓸 수 있다. 글이 쉬워야 교인을 낚을 확률이 높다. 반대로 글이 어려우면 교인을 낚을 확률이 낮다.

글이 쉽다는 말은 글쓰기의 수준이 높아졌다는 말이다. 글쓰기의 수준이 높아지면 교인들에게 설교가 들리기 시작한다.

설교 글쓰기를 배우는 설교자들에게 이런 말을 듣는다.

교인들이 자신에게 이런 말을 한단다.

"목사님 설교가 어려워요!"

이런 말을 들을 때마다 해 주는 말이 있다.

"필력을 높이십시오."

최근에 테드(TED) 강연이 각광을 받고 있다. 그 이유 중의 하나는 초등학교 6학년 정도면 누구나 강연을 이해할 수 있기 때문이다. 그 말은 설교도 초등학교 6학년 정도가 들을 수 있어야 한다. 설교자의 설교는 대학생이 들어서 듣기 어려운 글이 아닌가 고민해야 한다. 그러므로 설교자의 설교 글이 쉬워야 한다. 그럼 어떻게 해야 설교 글이 쉬울 수 있는가? 글을 많이 써야 한다.

기업은 글쓰기를 많이 강조한다. 특히 아마존의 제프 베조스(Jeff Bezos) 회장은 직원들에게 글쓰기를 강조한다. 그가 글쓰기를 강조하는 이유는 글쓰기야말로 비판적인 사고력을 키우고 흔들림 없는 목표와 구체적인 실천방안을 마련할 수 있는 최고의 방법이라고 생각하기 때문이다.

이와 같이 기업도 직원들에게 글쓰기를 통해 고객과 소통의 능력을 기르려고 노력한다. 설교자도 글 쓰기 능력을 키워 교인과 소통 능력을 높여야 한다. 그러려면 설교자는 글을 많이 써야 한다. 많이 쓸 때 탁월한 문장가가 될 수 있다. 설교 글이 탁월한 글이 될 때 누구나 이해하기 쉬움은 물론 탁월한 소통의 능력을 갖추게 된다.

3
글을 쓸 때 고려할 요소가 있다

아트설교연구원 수업 시간에 글을 쓰는 원칙이 있다

아트설교연구원 수업 시간에 글을 쓰는 원칙이 있다.

첫째, 첫 문장을 임팩트 있게 써라.

둘째, 두괄식으로 써라.

셋째, 단문으로 써라.

넷째, 하나의 주제로 써라.

다섯째, 할 수만 있다면 개념으로 써라.

여섯째, 논리성이 탁월하게 써라.

이렇게 여섯 개의 원칙으로 글을 쓰도록 하는 궁극적인 이유는 교인들에게 설교가 들리게끔 하기 위함이다.

설교는 잘 들려져야 한다. 그러려면 글이 잘 읽혀야 한다. 글이 독자에게 잘 읽히고 교인에게 잘 들려지기 위해 글을 쓰는 원칙에 따른 글쓰기 훈련을 꾸준히 해야 한다.

크리에이티브 김병완은 『책 쓰기 혁명』에서 글이 잘 읽히는 3가지 조건을 말했다.

첫째, A(Affordable): 한눈에 읽히는 매력적인 글이다.

둘째, B(Brief): 간단하고 간결한 문체의 글이다.

셋째, C(Clear): 메시지가 명료하고 분명한 글이다.

읽히는 글은 한 마디로 '우아하게', '간결하게', '분명하게' 쓰는 글이다. 글이 잘 읽힌다는 것은 문장이 좋다는 뜻이다. 문장이 좋아지려면 3가지 원칙을 알아야 한다.

첫째, 짧게. 둘째, 정확하게. 셋째, 분명하게다. 문장이 좋아지는 3원칙도 잘 읽히는 글의 조건과 크게 다르지 않고 비슷하다.

위에서 제시하는 원칙으로 설교 글쓰기를 연습한 설교자들이 하는 공통적인 고백이 있다. 교인들에게 설교가 잘 들려진다는 것이다. 따라서 위의 여섯 가지 원칙과 문장이 좋아지는 3가지 원칙을 잘 숙지하여 글쓰기를 해야 한다.

글쓰기로 아마추어 설교자가 아니라 프로 설교자로 업글하라

하버드대 학생 1,600명을 16년 동안이나 인터뷰를 하며 확인된 것이 있다. 그것은 대학 생활의 성공 비결 중 하나가 '글쓰기'라는 것이다. 이들의 대학 생활의 성공 비결이 글쓰기라는 것은 설교자에게 시사하는 바가 크다. 글쓰기의 시급성, 중요성과 글쓰기가 곧 힘이라는 것이다.

설교자는 설교 글쓰기의 아마추어가 아니라 프로가 되어야 한다. 프로가 되려면 결국 프로다운 글을 쓸 줄 알아야 한다.

본 연구원에서는 글쓰기 수업을 하루 종일 하다시피 한다. 하루 8시간 수업 중 80% 가까이 글을 쓰게 한다. 그 이유는 프로 설교자를 양성하기 위함이다.

어떤 글에 보니, 읽기의 1/3을 쓰기에 투입하라고 말한다. 본 연구원은 읽기의 2배를 글쓰기에 투자하라고 한다. 이는 아마추어 설교자가 아니라 프로 설교자로 세우는 유일한 방법이 글쓰기라고 생각하기 때문이다.

무턱대고 쓰는 것이 아니라, 법칙을 배워서 써야 한다. 글쓰기의 법칙을 잘 가르쳐주는 것이 있는데 바로 로버타 진 브라이언트(Roberta Jean Bryant)의 『누구나 글을 잘 쓸 수 있다』다. 그 책에는 글쓰기의 7가지 법칙, 6가지를 이야기한다. 그 법칙 7가지는 아래와 같다.

글쓰기의 제1법칙/ 글쓰기는 행동이다. 생각하는 것이 글쓰기가 아니다.

글쓰기의 제2법칙/ 열정적으로 쓰라.

글쓰기의 제3법칙/ 정직하게 쓰라. 알몸을 드러내라.

글쓰기의 제4법칙/ 재미로 쓰라. 자기를 위해 써라.

글쓰기의 제5법칙/ 무조건 쓰라.

글쓰기의 제6법칙/ 다작하라. 모든 것을 이용하여라.

글쓰기의 제7법칙/ 몰입하라.

위의 글쓰기의 법칙은 글쓰기 법칙의 기본이자 마지막이다. 이 법칙에 따라 설교자는 글쓰기를 해야 한다. 이 글쓰기 법칙에 따라 프로 글쓰기를 해야 한다.

설교자의 글쓰기 수준을 높여야 한다. 높이되 프로 수준까지 높여야 한다. 그럼 어떻게 글을 써야 하는가? 아래의 '글쓰기의 7가지 법칙'으로 쓰면 된다.

글쓰기의 제1법칙/ 서론, 본론, 결론과 설명, 논증, 적용으로 글을 써라.

글쓰기의 제2법칙/ 논리적으로 글을 써라.

글쓰기의 제3법칙/ 단문으로 글을 써라.

글쓰기의 제4법칙/ 첫 문장을 임팩트 있게 써라

글쓰기의 제5법칙/ 예수님의 비유법을 활용하라

글쓰기의 제6법칙/ 한 주제로 글을 써라.

글쓰기의 제7법칙/ 역동적으로 글을 써라.

위의 7가지 글쓰기 법칙은 나의 책 『설교는 글쓰기다』에도 몇 가지를 언급했다. 논리적으로 글쓰기, 단문으로 글쓰기, 예수님의 비유법으로 글쓰기 등이 그것이다.

설교자는 프로 수준의 글을 쓸 줄 알아야 한다. 그러려면 위의 7가지 글쓰기 법칙을 배워 익혀야 한다. 그럴 때 교인들이 설교를 통해 행복한 신앙생활을 하게 된다.

4

예수님의 비유법이
설교 글쓰기의 기초이자 마침표다

나의 글쓰기는 예수님의 비유법으로부터 시작되었다.

나는 설교 글쓰기를 예수님의 비유법을 통해서 배웠다. 결정적으로 도움이 된 책이 샘 혼(Sam Horn)의 『사람들은 왜 그 한마디에 꽂히는가』다. 그녀는 사람들의 필요를 만족시키는 방법에는 세 가지가 있다고 이야기한다. 그중 가장 강력한 것이 비유적인 이야기라고 했다. 비유적인 이야기는 짧고 간단하면서도 상당한 영향력이 있다.

그녀는 특히, 설교와 같이 듣는 사람들이 많을 때 최적의 방법이 예수께서 사용하신 이야기인 비유법이라고 한다. 나도 이 말에 꽂혀 예수님의 비유법에 본격적으로 관심을 가졌다.

설교자들은 통찰력 있는 이야기 즉 시사점이 있는 촉매제가 되는 이야기에 마음을 많이 빼앗기는 것 같다. 나도 통찰력 있는 이야기에 마음이 빼앗긴다. 하지만, 샘 혼의 글을 읽고 예수님의 비유법에 마음을 빼앗겨 예수님의 비유법으로 설교 글쓰기를 연구했다.

처음에는 예수님의 비유법에 '한 단어'의 특징 찾기를 했다. 그다음에는 예수님의 '두 단어'의 공통점과 차이점 찾기를 했다. 쉽지 않았지만 포기하지 않고 파고들었다. 그렇게 해서 깨달은 만큼 설교에 활용했다. 교인들로부터 잘 들린다는 피드백을 받게 되었다. 그다음 개념을 통해서 글쓰기를 터득하며 예수님의 비유법이 글쓰기의 최고봉임을 받아들이게 되었다.

최근에도 어떤 설교자가 예수님의 비유법을 활용하여 설교하니, 교인들은 차치하고 본인이 제일 만족감이 높다고 말해주었다. 본 연구원 회원들은 예수님의 비유법을 활용해 설교하는 것이 행복하다고 종종 이야기하곤 한다.

교인은 설교를 듣기 전에 설교에 대한 사전지식이 없다. 만약 잘 모르는 성경 본문이라면 더욱 그렇다. 이렇게 사전지식이 없는 상태에서도 쉽게 이해할 수 있도록 하는 방법이 예수님의 비유법이다.

신학교에서는 예수님의 비유법을 배운다. 그 뜻이 무엇인가만 배운다. 뜻이 무엇인가는 반드시 배워야 한다. 그리고 예수님의 비유법으로 글쓰기를 배워야 한다. 예수님은 일상에서 끌고와 설교를 하셨다. 그것이 예수님의 비유법이다. 그러므로 설교자는 예수님께서 왜 비유를 들어 설교하셨는지를 알아야 한다. 그리고 비유법으로 글을 쓰는 방법을 터득해야 한다. 나도 들려지는 글의 최고인 예수님의 비유법으로 글쓰기를 배웠다. 설교자들도 예수님의 비유법을 활용한 글쓰기를 배우기를 강력하게 추천한다.

예수님의 비유법이 설교를 좌우한다

"설교는 들려져야 한다."

옥한흠 목사가 제자훈련 세미나에서 한 말이다. 이 말을 처음 들었을 때 얼마나 충격을 받았는지 모른다.

설교가 들려지게 하려면 여러 방법이 있겠으나 그중 한 가지가 예수님의 비유법이다. 30년간 글을 쓴 시나리오 작가인 유선경은 『어른의 어휘력』에서 비유와 은유인 메타포에 대해 이렇게 말한다.

"사람이 나누는 대화의 상당 부분이 메타포다. '그녀는 처음으로 본 순간 종소리가 들렸어', '둘이 먹다 하나 죽어도 모른다', '내 눈에 흙이 들어가기 전엔 절대 안 돼', 이같이 은유와 비유를 쓰지 않는 법정을 떠올려보라. 비유의 목적은 사전지식이나 정보가 없는 상태에서도 쉽게 이해할 수 있도록 하는 데 있고, 그래서 세계 어느 나라를 불문하고 속담은 비유가 절묘하다."

그녀뿐 아니라 영국이 낳은 세계 최고 극작가인 윌리엄 셰익스피어(William Shakespeare)는 은유법을 굉장히 많이 사용했다. 기존의 언어로 설명이 안 되는 복잡한 감정들을 은유적으로 표현했다.

은유 사용을 연습하는 또 하나의 최상의 방법은 바로 시를 많이 읽는 것이다. 결국, 은유를 활용한 글쓰기 중에서 가장 효과적인 예수님의 비유법을 활용해 글을 쓰려 해야 한다. 예수님의 비유법이 설교의 '들려짐'을 좌우하기 때문이다.

예수님의 비유법은 설교를 맛있게 만들어낸다

사람들이 식사할 때, 종종 어떤 음식을 좋아하는지 물어본다. 이때 나의 대답은 한결같다. "맛있는 음식을 좋아합니다."

나는 메뉴가 그다지 중요하지 않다. 맛이 있느냐의 여부가 중요하다. 음식이 맛이 있으려면 내 생각에는 요리사, 재료, 천연 양념인 것 같다.

마찬가지로 설교도 진리를 전했느냐가 매우 중요하지만, 또 중요한 것은 그 설교가 과연 맛이 있느냐다. 설교를 맛있게 만들려면 설교자가 반드시 첨가할 것이 있는데 바로 예수님의 비유법이다.

이 글을 쓰는 날(2020년 8월 21일), 한겨레 신문에서 기사를 봤다.

"맛본 것도 반품, 묻고 따지지 않고 바꿔줍니다."

음식도 반품을 받는다는 것이다. 이미 맛을 본 음식도 맘에 들지 않으면 반품해준다. 신선도에 불만이 있으면 100%, 맛이 없어도 100% 반품을 해준다. 즉 구매한 식품 품질에 불만을 느끼면 '묻지도 따지지도 않고' 무료반품해 주는 시대다.

일반적으로 반품은 흠결이 있는 상품에만 해당이 되었다. 이제는 '고객이 원하면' 반품해준다. 이런 추세는 온·오프라인을 막론하고 진행되고 있다. 그 이유는 소매업계 경쟁이 치열해지면서 나타난 현상이다.

하지만 설교는 반품이란 것은 없다. 반품을 해주지 않으면 소비자는 곧바로 구입처를 바꾼다. 즉 설교가 들려지지 않으면 다른 설교자를 찾는다. 그러므로 설교가 반품되지 않도록, 설교자를 바꾸지 않도록 해야 한다.

언택트 시대에 심심치 않게 듣는 말이 있다. "설교 시간에 노트북으로 자신이 다니는 교회 설교자의 설교는 무음으로 하고 다른 교회 설교자의 설교를 듣는다."

최근에 한 지인도 자신도 교회 설교자의 설교를 듣는 대신 유명한 설교자의 설교 듣는다고 한다. 언택트 시대에는 설교자가 가져야 할 정신이 반품 정신이다. 반품 정신을 갖지 않으면 교인이 자신이 좋아하는 설교자의 설교를 듣기 위해 설교자를 바꾼다. 반품 정신을 갖는 것도 중요하지만 처음부터 맛과 질이 남다른 설교를 전해주려 노력해야 한다.

설교자는 진리를 전해야 한다. 하지만 진리를 전달하는 방법은 예수님의 비유법을 활용하는 것이 가장 좋다. 예수님의 비유법을 활용하면 반품하고 싶은 설교도 듣고 싶은 설교가 된다. 곧 맛이 좋아 먹고 싶은 설교가 된다.

예수님의 비유법, 이렇게 활용하라

예수님의 비유법을 설교에 활용하려면 할 것이 있다. 첫째, 특징을 찾는다. 둘째, 특징 중 5개 정도를 선정한다. 셋째, 선정한 특징을 글로 쓴다. 넷째, 특징과 영적인 것(은혜, 신앙, 기도, 헌신 등)을 연결한다. 다섯째, 설교에 활용할 수 있도록 만든다.

여기서는 '연고'를 들어 예수님의 비유법을 만들고자 한다.

첫째, '연고'의 특징을 찾는다.

소리 없이 침투하여 흔적 없이 치료한다. 최대한 오랜 시간 달라붙어 있으려 한다. 상처 있는 자는 다 내게로 오라고 외친다. 짧고 굵게 살다 미련 남기지 않고 버려진다. 눌리면 실력 발휘를 시작한다. 팬 곳은 채우고 솟은 곳은 깎아내 내 평균을 이룬다. 적응력이 생명이다. 사라지는 동시에 스며들어 탁월한 효과를 낸다. 피부에 문제가 생기면 출동한다. 사랑하는 사람의 손을 빌린다. '저는 민감하니 살짝만 눌러주세요'라고 말한다. 후시딘과 마데카솔이 양대 산맥을 이루고 있다. 머리 뚜껑이 열려야 일할 수 있다. 내 몸이 사라지고 주인 몸이 살아난다. 정확하게 발라야 정직한 효과를 볼 수 있다. 누군가의 희생 끝에 누리는 편리함을 준다. 후시딘보다는 발라주는 엄마 손이 치료약이다. 상처가 남지 않기를 바라는 마음으로 발라준다. 덧나는 마이너스 삶을 아무는 플러스 삶으로 바꾼다. 한 번 '많이'보다 꾸준히 '여러 번'이 중요하다. 면봉은 나의 수족이다. 흔적만 남기고 아픔은 가져간다.

연고를 바르는 골든타임이 있다. 집마다 한구석에 자리 잡고 있다. 붉은 피를 마다하지 않는 용감한 군사다.

둘째, '연고'의 특징을 활용해 영적으로 연결해 글을 쓴다.
'아프다.' 마음이 아니라 몸이 아프다. 몸에 상처가 났기 때문이다. 몸에 상처가 나면 연고를 발라야 한다. 유명한 카피 글이 있다.
'상처에는 후시딘!'
몸 상처에는 후시딘 연고를 발라야 한다. 몸에만 상처가 있지 않다. 마음에도 상처가 있다. 마음 상처에는 후시딘을 발라도 안 낫는다. 하나님의 연고인 말씀을 발라야 한다. 연고가 시도 때로 없이 바르듯이 하나님의 말씀을 시도 때도 없이 마음에 발라 주어야 한다. 마음에 발라주면 마음만 낫지 않는다. 영혼까지 치유가 일어난다.

우리는 다치면 연고는 발라야 한다. 하지만 말씀은 바르지 않고 영혼 깊숙이 들어가도록 먹어야 한다. 그럼 치유가 시작된다. 치유를 넘어 힐링이 일어난다. 마지막으로 생명이 살아난다.

우리는 하나님의 말씀이 마음과 영혼에 발라져야 한다. 그것도 매일 바를수록 좋다. 바를 때마다 첫 증상은 마음이 편안해진다. 그다음에 행복이 밀려온다. 마지막으로 기쁨이 충만한 영혼이 된다. 그것은 말씀이 사람에게 만병통치약이기 때문이다.

그리스도인은 세상을 힘 있게 살아가고 있다. 그 이유는 마음과 영혼에 말씀으로 매일 발라주는 말씀을 먹고 살기 때문이다.

우리는 연고를 바를 때마다 하나님의 말씀도 같이 발라야 한다. 그럴 때, 몸은 연고로, 마음은 하나님의 말씀으로 동시에 치유가 일어난다. 그 결과 몸과 마음에 행복감이 넘치게 된다.

엄마가 연고를 발라주면 엄마의 사랑도 같이 느낀다. 마찬가지로 말씀이 발라지면 하나님의 손길이 함께 느껴진다. 우리는 몸을 회복하는 것을 발라야 한다. 더 중요한 영혼을 살리는 것을 발라야 한다.

몸의 상처에는 후시딘을!, 마음의 상처에는 예수님의 말씀을!

6장

설교 글 퇴고와 연습

1. 설교 글, 퇴고에 정성을 쏟아라
2. 설교를 연습하라

1

설교 글, 퇴고에 정성을 쏟아라

특별하다고 할 만큼 퇴고를 많이 하라

'Be Special!'

'특별하다'

카피라이터 김은주는 『1cm+』에서 'Be Special!'을 이렇게 이야기한다.

"누구도 시도하지 않은 것을 새롭게 만드는 것은 두렵고 힘들다. 그러나 그것은 창조가 된다. 완성된 것을 멀리하라. 미완성된 것을 두려워하지 마라."

특별한 것은 결국 창조가 된다고 그녀는 말한다.

설교 글도 특별해야 한다. 설교 글이 특별해지려면 퇴고가 뒤따라야 한다. 이는 글은 퇴고에 의해 결정된다고 해도 과언이 아니기 때문이다. 퇴고에 얼마나 정성을 담았느냐에 따라서 글이 결정될 정도면 퇴고를 특별하게 여겨야 한다.

설교도 글이다. 설교 글의 질을 결정하는 것은 첫 글이 아니라 마지막 퇴고된 글이다. 그러므로 글을 쓸 때 미완성을 두려워하지 않아야 한다. 미완성을 완성으로 만드는 퇴고의 과정을 거치면 된다.

완생도 미생을 통해서 만들어진다. 설교를 만드는 과정은 미완성이다. 미완성된 설교를 완성하는 것은 묵상, 설교 준비도 아니다. 설교 퇴고다.

예전에 나는 설교 퇴고의 과정이 짧았다. 하지만 설교를 하면서 느끼는 것은 설교 퇴고가 길어야 한다는 것이었다.

퇴고의 긴 과장을 거치려면 주일 설교를 최소한 목요일까지는 작성해야 한다. 예전에는 토요일에 설교를 완성하게 되니 퇴고의 과정이 짧을 수밖에 없었다. 짧은 퇴고의 과정은 설교가 끝난 후 큰 아쉬움으로 되돌아온다.

설교를 통해 은혜를 끼치는 설교자는 퇴고의 과정이 길다. 그들은 퇴고의 횟수만큼 설교가 결정됨을 알기 때문이다.

퇴고, 작가들로부터 배워라

퇴고는 작가들로부터 배울 때 가장 잘 배울 수 있다.
퇴고에 관한 말이 있다.

"한 번 생각하고, 두 번 쓰고, 세 번 고쳐라."

즉, 글을 쓰는 과정보다 퇴고의 과정이 중요하다는 의미이다.

책 쓰기도 퇴고가 중요하다. 그 이유는 퇴고에 따라 독자의 반응도 달라지기 때문이다. 그렇다면 과연 몇 번의 퇴고가 적정한 것인가? 퇴고는 작가가 만족할 만큼 하는 것이 좋은 것 같다. 그것은 작가마다 성격과 성향이 다르기 때문이다.

어떤 글에 보니 퇴고는 적어도 3번 이상 5번 이상하길 권장하는 것을 보았다. 헤밍웨이는 그의 작품인 『무기여 잘 있거라』에서 마지막 22행을 39번이나 고쳤다.

고요한 작가도 심하다 싶을 정도로 퇴고를 많이 한다. 그는 단편소설 한 편을 쓰고 기본적으로 500번, 보통 1,000번을 퇴고한다.

나의 경험으로는 설교 퇴고는 10번 정도 하는 것을 권한다. 못해도 5번 정도는 해야 한다. 책이라면 더 많이 퇴고를 하길 권한다. 퇴고를 많이 한만큼 책의 완성도가 높아지기 때문이다. 독자가 찾는 책은 퇴고를 많이 한 책이다.

어떤 설교자를 만났느냐에 달려 있다

어디서나 리더는 매우 중요하다. 어떤 리더를 만났느냐에 따라 그 공동체의 운명이 결정되듯이 어떤 교회를 만나느냐, 어떤 설교자를 만나느냐에 따라 교회 미래가 결정되기 때문이다.

임진왜란을 겪는 동안 이순신이라는 리더가 있었기에 나라를 빼앗기지 않았던 것처럼 말이다.

카피라이터 김은주는 『1cm+』에서 '사랑받는 개와 고양이'에 대한 이야기를 한다.

"학대받는 개와 고양이의 차이는 분명 있습니다. 그 차이는 한쪽이 다른 한쪽보다 더 귀엽거나 덜 귀엽거나 온순하거나 예민하거나 희귀 종이거나 일반 종이거나 순수 혈통이거나 교배종이거나 말귀를 잘 알아듣거나 조금 느리거나 하는 차이는 아닙니다. 어떤 사람을 주인으로 만나느냐의 차이입니다."

어떤 리더, 어떤 설교자의 설교를 만나느냐에 따라 교인의 행복도가 달라진다. 다른 말로 하면, 설교를 한 번 준비하는 설교자, 두 번 준비하는 설교자, 설교에 5시간 투자하는 설교자, 10시간 투자하는 설교자에 따라 행복도가 달라진다.

교인은 자신을 행복하게 해주는 설교자, 하나님 말씀의 기쁨을 알게 해주는 설교자를 만나길 원한다. 그러므로 설교자는 교인이 원하는 설교자가 되어야 한다. 교인이 원하는 설교자가 되려면 설교 퇴고에 정성을 들여야 한다.

퇴고에 퇴고를 더하라

"글은 퇴고다"라는 말이 있다.

최고의 글이 결정되는 순간이 있다면 그것은 바로 퇴고에 얼마나 정성을 쏟았느냐에 달렸기 때문이다. 이는 설교자의 설교 퇴고도 마찬가지다. 설교자는 자신이 쓴 설교를 퇴고하는 것을 숙명처럼 받아들여야 한다.

강원국이 『강원국의 글쓰기』에서 퇴고에 대한 이런 말을 했다.

"인생도 퇴고의 연속이다. 일단 쓴 원고처럼 훌쩍 저지르고, 평생 퇴고하며 살아간다."

인생도 퇴고의 연속이고, 글도 퇴고의 연속이라면 설교도 퇴고의 연속이다. 설교자는 설교 원고를 평생 퇴고하며 설교해야 한다.

나는 독서에 관련된 책을 두 권 썼다. 한 권은 『이기는 독서다』. 또 다른 한 권은 『독서꽝에서 독서광으로』이다. 아트설교연구원 회원 중 몇 명에게 『독서꽝에서 독서광으로』의 추천사를 부탁했다. 추천서를 써 주면서 이런 말도 덧붙였다.

"『독서꽝에서 독서광으로』보다는 『이기는 독서다』가 더 낫습니다."

맞는 말이다. 『이기는 독서다』가 퇴고를 더 많이 했기 때문이다. 어떤 작가는 책 한 권을 출간할 때 18번 이상 퇴고하는 과정을 거친다고 한다.

블로그에 들어갔다가 블로거 '산골'에 이런 글을 본 적이 있다.

"문장가로 이름 있는 소동파도 명문인 적벽부를 수십 차례나 퇴고를 거쳐 완성했다고 할 만큼 퇴고는 중요하다."

강원국은 『강원국의 글쓰기』에서 글쓰기 고수와 하수의 차이를 이야기한다. 글쓰기 고수와 하수의 차이는 쓰는 것이 아니라 쓴 글을 고치는 여부라고 했다.

"우리가 헤밍웨이나 톨스토이와 같은 점이 있다면, 그들이나 우리나 초고가 엉망이라는 사실이다. 다른 점도 있다. 헤밍웨이나 톨스토이는 열심히 고쳤고, 우리는 그렇게 하지 않았다는 점이다. 잘 쓰는 사람은 잠깐 쓰고 오래 고친다. 못 쓰는 사람은 오래 쓰고 잠깐 고친다. 일단은 쓰고 나서 고치는 데 많은 시간을 할애하자. 찾아볼 것도 많고 확인할 것도 많다. 여기에 공을 들이자. 고수는 초고를 단지 고치기 위해 쓴 글쯤으로 여기지만, 하수는 초고를 금과옥조처럼 여기고 그것에 얽매인다."

글이 퇴고 달려 있듯이 설교도 퇴고를 어느 정도 하느냐에 따라 만들어진다. 그렇다면 퇴고에 집중해야 한다.

퇴고의 시간이 행복한 시간이 되도록 하라

카피라이터 김은주는 『1cm+』에서 '샐러리맨이 싫어하는 덧셈'이 있다고 한다.

"일 더하기 일은 과로"

이 글을 읽으면서 고개가 저절로 끄덕여졌다.

퇴고가 그렇다. 퇴고하다 보면 과로의 상태가 저절로 온다.

20년 넘는 출판 편집기획자 생활을 한 강창래는 『위반하는 글쓰기』

에서 퇴고를 이렇게 이야기한다. "구역질 나는 데까지 고친다". 퇴고는 피를 말리는 정도의 과정임을 엿볼 수 있는 말이다.

힘든 퇴고를 과제로 여기면서 하면 더 힘들다. 퇴고를 명문장을 만드는 시간, 인생에 남는 설교를 만드는 행복한 시간이라고 생각하여 해야 한다.

강원국은 『강원국의 글쓰기』에서 명문을 쓰는 두 가지 길이 있다고 이야기한다.

"하나는 한 작품을 수십 년 동안 붙들고 고치는 것이다. 다른 하나는 수십 수백 편을 쓰는 것이다."

한 작품을 수십 년 동안 고치는 과정을 통해 명문이 탄생한다. 즉 퇴고의 과정을 통해 명문이 만들어진다. 설교도 마찬가지다. 퇴고의 과정을 거치면서 최상의 설교가 만들어진다.

그는 또 이런 말을 한다.

"글을 쓸 때는 일단 써놓고 하나씩 고쳐나가야 한다. 첫 문장부터 완벽하게 글을 쓰려고 하면 부담만 커지고 신이 나지 않는다. 명문장을 쓰겠다는 욕심으로 첫 문장부터 비장하게 달려들기보다는 허접하게라도 하나 써놓고, 그것을 고치는 것이 심적 부담이 덜하다."

퇴고하는 과정이 심적 부담이 덜하다고 생각해야 한다. 그럴 때 퇴고 시간이 행복한 시간이 된다. 설교는 할 수만 있다면 최대한 빨리 마쳐야 한다. 그 다음 퇴고를 통해 최고의 설교를 만들어야 한다. 중요한 것은 최고의 설교를 만들려면 퇴고가 고역이 아니라 즐거움이어야 한다.

퇴고의 법칙에 따라 퇴고하라

위의 글을 통해 알 수 있는 것은 책은 퇴고를 통해 완성된다. 그리고 퇴고를 하면 할수록 좋은 책이 만들어질 수밖에 없음을 알 수 있다. 그러므로 위의 8가지 법칙에 따라 책의 퇴고를 해야 한다.

설교도 퇴고가 중요하다.

설교의 퇴고도 책의 퇴고와 마찬가지로, 퇴고의 8가지 법칙이 있다.

첫째, 큰 흐름을 본다. 구성상 오류가 없는지 살핀다.

둘째, 제목과 이를 뒷받침하는 근거와 사례가 유기적인지 꼼꼼히 살핀다.

셋째, 단락과 단락 간의 매끄러움을 살핀다.

넷째, 문장과 문장 간의 흐름, 마지막으로 단어의 적확성을 본다. 조금이라도 모호할 경우 사전을 찾아본다.

다섯째, 사족이라고 판단되는 단어와 문장은 과감히 삭제한다. 논리적 비약도 찾아내 보완해야 한다.

여섯째, 중복되는 것 삭제와 어울리지 않는 문장을 삭제한다.

일곱째, 반복되는 단어는 동일어로 고친다.

여덟째, 오자와 띄어쓰기를 바로 잡는다.

설교를 퇴고할 때, 퇴고의 5가지 법칙이 있다.

첫째, 글 전체가 원포인트에 맞게 논리적인가?
둘째, 논증이 적확한가?
셋째, 후크(Hook)는 잘 돼 있는가? 즉 단란 간의 연결에 문제가 없는가?
넷째, 단어 해석과 구절의 해석은 정확한가?
다섯째, 전체 논리에 맞지 않는 것은 과감하게 삭제 되었는가?

어떤 것이든 법칙에 따라 할 때 좋은 결과가 나온다. 설교자는 퇴고의 5가지 법칙에 따라 설교 퇴고를 해야 하다. 하되 완벽하게 해야 한다. 그러기 위해 읽고 또 읽기의 반복이 기본이어야 한다.

2

설교를 연습하라

설교를 연습하라

책을 쓸 때는 퇴고가 마지막 작업이다. 하지만 설교는 할 것이 하나 더 있다. 바로 설교 연습이다.

퇴고로 마무리가 된 설교는 실제 설교할 때와 똑같이 연습해야 한다. 설교자가 설교하기 전까지 할 것이 있는데, 바로 설교를 결정짓는 네 가지 요소들이다.

첫째, 설교 본문 묵상이다.
둘째, 설교 글쓰기다.
셋째, 설교 원고 퇴고다.
넷째, 설교 연습이다.

설교를 결정하는 마지막은 다름 아닌 설교 연습이다. 강원국은 『강원국의 글쓰기』에서 이렇게 말한다.

"글 잘 쓰는 비결을 말하라면 나는 '3습'을 꼽는다. 학습, 연습, 습관이다."

3습 중 하나가 연습이다. 글쓰기도 연습이 필요하듯이 설교자는 원고 퇴고 뒤 설교 연습을 해야 한다.

설교 연습은 몇 번? 5회 이상 하라

설교 연습은 몇 번 해야 하는가?

횟수를 말하기는 쉽지 않다. 그것보다는 준비한 설교를 소화했는가? 이다. 준비한 설교를 충분히 소화했을지라도 설교 연습을 해야 한다. 설교 연습을 하되 충분하게 해야 한다. 그런 의미에서 설교 횟수도 무시할 수 없다. 설교의 결과는 연습 횟수에 따라 결과가 달라지기 때문이다.

설교 연습의 시간은 언제가 좋은가?

설교를 마친 후부터 주일 강단에 설 때까지 해야 한다. 나의 경험에 비추어 보았을 때, 설교 연습의 횟수는 5회 이상이 적절한 것 같다.

설교 연습 5회 하는 것 생각만큼 쉽지 않다. 5번 연습을 하려면 큰 결단이 필요하다. 없는 시간도 쪼개야 한다. 여기서 말하는 설교 연습 5회는 설교 원고에 매이지 않고 자유롭게 설교할 정도까지다.

원고 읽기도 설교 연습이다

설교 연습을 원고를 읽는 것으로 하는 설교자도 있다. 그렇다면 설교 원고는 몇 번을 읽는 것이 좋을까? 답은 없다.

"설교 원고를 내 것 될 때까지 읽어라."

설교 원고를 읽는다면 원고가 내 것이 될 때까지 읽으면 된다. 단, 조건이 있다. 원고를 읽되 소리를 내서 읽어야 한다.

나는 친구로부터 자신은 설교 원고를 백 번 읽는다는 말을 들었다. 백 번 읽으면 저절로 암송되기 때문이라고 했다. 나도 시도해봤지만 100번을 읽는다는 것은 쉽지 않았다.

아마도 그 친구는 100번을 읽으면 저절로 암송된다고 했지만, 암송보다는 설교 원고를 읽음으로 말씀의 깊은 맛을 보았기 때문에 계속하는 것 같다. 100번을 읽으면 설교의 내용은 물론 하나님의 은혜를 넘치게 받을 수밖에 없지 않겠는가?

설교 연습에 관해 묻는 회원들에게 이렇게 말해준다.

"설교가 내 것이 될 때까지 읽으십시오. 그럼 하나님께서 놀랍게 역사하실 것입니다."

설교자에게 가장 중요한 것은 하나님을 향한 마음이 어떠하냐는 것이다. 설교 원도 100번 읽기는 하나님께 대한 나의 정성이 어떠함을 말해주기 때문이다.

암기될 때까지 설교를 연습하라

설교를 연습하는 목적은 단순하다. 내 것이 될 때까지 연습하는 것이다. 연습을 하다보면 설교는 저절로 뇌리에 박힌다. 그것이 암송이라 할 수 있다.

어느 책에서 설교를 암송하는 설교자가 꽤 된다는 것을 알았다. 그 중에 한 명이 서울 영락교회 김운성 목사다.

그는 부산에서 목회할 때 설교 원문을 암송한 뒤 설교했다고 한다. 어느 날은 한 교인이 정말 설교를 암송하는지 테스트를 했다. 그 교인은 몇 번을 반복해서 테스트했지만 한 번도 틀리지 않은 목사님을 향해 존경하게 되었다고 한다.

설교자가 설교를 연습하고 설교하는 것, 설교 원고를 내 것이 될 때까지 읽는 것, 설교를 암송하는 것은 한편으로는 하나님을 지극히 사랑한다는 증거다.

이재철 목사의 『목사, 그리고 목사직』에 설렁탕 집 아주머니 이야기가 나온다. 그 아주머니는 매일 새벽 3시 국물의 진액을 냈다고 한다. 이는 손님들에게 가장 맛있는 설렁탕으로 대접하고자 했기 때문이다.

설교를 연습하고 설교하는 것, 설교 원고를 내 것이 될 때까지 읽는 것, 설교를 암송하는 것은 교인들에게 최상의 설교를 전해주겠다는 하나님의 마음을 가진 설교자의 마음이다. 그러므로 설교자는 하나님을 사랑하는 마음으로 설교 원고가 내 것이 될 때까지 설교를 연습해야 한다.

7장

설교자의 자기 관리

1. 핵심에 초점을 맞춰라
2. 자기관리에 끝판 왕이 돼라

1

핵심에 초점을 맞춰라

올린(Ollin) 으로 살라

'올린(Ollin)'이라는 단어가 있다. 이 말은 아즈텍족의 달력과 콜럼버스가 아메리카 대륙을 발견하기 이전의 신성한 의식에서 사용되던 많은 도구에서 발견되는 단어이다. 이 단어는 고대 나후아틀족(멕시코 남부와 중미 일부 지방의 원주민) 언어에서 유래한다. '올린'은 심장을 의미하는 '욜로틀(yollotl)'과 생명을 의미하는 '욜리스틀리(yolistli)'에서 나왔다.

'올린'이 의미하는 바는 '지금 온 심장을 다해 행동하고 움직이는 것'이다. 다른 말로 삶에서 진정으로 자신의 길을 따르는 것을 뜻한다. '올린'을 경험하기 위해서는 '올인(한곳에 모든 것을 쏟아붓는 것)' 해야 함을 가르쳐준다.

케빈홀은 그의 책 『겐사이』에서 '올린'을 날마다 실천하라고 한다. 그렇다고 시간제로 '올린'을 하라는 것은 아니다. 이따금, 또는 편할 때 하는 것도 아니다. '올린'은 매 순간의 삶에서 실천해야 한다. 그럼 '올린'이 놀랄만한 보상을 가져다주는 생활습관이 된다.

우리는 진정으로 자신이 해야 할 것에 '올인' 해야 한다. 우리가 '올인'할 것은 다름 아닌 '자기관리'이다. 자기관리에 온 심장을 다해 행동하고 움직여야 한다.

'올린'과 '올인'은 다른 말이 아니라 동전의 양면처럼 같은 말이다. 그 둘은 따로 떨어진 것이 아니라 단단히 연결되어있는 동반자와 같다. '올린'과 '올인'이 함께 연결되면 엄청난 파급력을 가져온다.

설교자가 '올린' 해야 할 것은 설교다. 하나님께서 설교자에게 부여하신 사명인 설교에 '올인'해야 한다. 설교에 '올인'하면 설교자의 심장이 쿵쾅 뛰기 시작할 것이다. 설교자의 심장이 뛰면 설교를 듣는 교인들의 심장도 뛴다. 그러므로 그럭저럭 사명을 감당하지 말고 '올린'의 정신으로 설교 사역을 감당해야 한다.

소중한 것에 '올인'하라

긴급한 것을 좇지 말고 중요한 것을 좇아가야 한다. 설교자의 삶은 더욱 그래야 한다. 중요한 것을 좇아 살아가려면 소중한 것이 무엇인지 발견해야 한다.

사람마다 소중한 것이 다 다르다. 나에게 소중한 것은 하나님과 나의 가족이다. 마지막으로 설교자에게 설교 글쓰기를 가르치는 것이다.

최근에는 소중한 것은 조금 달라졌다. 책 쓰기이다. 책 쓰기가 소중하기에 책 쓰기와 설교자의 인문학 공부에 올인하고 있다.

『성공하는 사람들의 일곱 가지 습관』의 저자인 스티븐 코비(Stephen Covey)는 이런 말을 했다.

"가장 소중한 일부터 하라"

미국 기독학생회(IVF)의 이사와 배링턴 대학의 총장이었던 찰스 험멜(Charles E. Hummel)은 『늘 급한 일로 쫓기는 삶』에서 이렇게 조언한다.

"긴급한 일을 하지 말고 중요한 일부터 하라"

중요한 일에 '올인'해야 한다. 하지만 우리는 긴급한 것에 '올인'하는 경향이 짙다. 친구를 만나는 것은 중요한 일이 아니다. 설교 준비하는 것이 중요한 일이다. 여행 가는 것은 중요한 일이 아니다. 글을 쓰는 것이 중요한 일이다.

사람들은 긴급한 것에 시간을 쏟는다. 우리가 시간을 쏟아부어야 할 것은 바로 중요한 일이다. 그러나 긴급한 일에 시간을 쏟아내기 때문에 늘 급한 일에 쫓겨 살게 되는 것이다. 그래서 '중요도-긴급도 매트릭스'에서 긴급하지 않고 중요한 일에 신경 쓰라고 한다.

나도 과거에는 주로 긴급한 일에 쫓겨 살았다. 학창시절에는 더했다. 중요한 공부를 해야 하는데 급한 일처럼 보이는 책상 정리부터 했다. 막상 책상만 정리하고 중요한 공부를 하지 않았다.

지금은 긴급한 일보다는 중요한 일에 집중한다. 내게 중요한 일은 하나님을 위해 독서하고 글을 쓰는 일이다.

설교자에게 중요한 일은 설교하는 일이다. 설교는 생명을 살리는 일이기 때문이다.

소중한 일이 '올인'한 사람들

위대한 사람들을 살펴보면 소중한 일에 '올인' 한다. 누군가에게 사랑을 주는 사람은 사랑을 받는 것보다 위대한 사람이다. 마르틴 루터(Martin Luther)가 종교개혁에 '올인'한 것은 가장 소중한 일에 '올인'한 것이다.

이 세상에서 가장 위대한 일을 하신 분은 바로 예수님이시다. 예수님은 가장 소중한 일인 생명을 살리는 일에 올인하셨다. 십자가에 달려 죽으심으로 죄인이 의인이 될 기회를 주셨다.

20세기 가장 위대한 일을 한 사람의 일대기를 영화가 있다. 바로 리암 니슨이 주인공으로 활약한 영화 〈쉰들러 리스트(Schindler's List)〉의 주인공 오스카 쉰들러(Oskar Schindler)다. 그는 나치 치하에서 유대인 1,100명을 극적으로 구출해 체코로 탈출시켰다. 그 영화 속에 그의 위대함을 알려주는 말이 있다.

"한 생명을 구한 자는 전 세계를 구한 것이다" 이 말은 탈무드에 나오는 한 구절이다. 그는 많은 생명을 살리는 소중한 일을 하였다.

예수님은 한 생명이 아니라 온 세상을 구한 인류의 구원자, 메시아

이시다. 우리나라도 오스카 쉰들러 같은 분이 있다. 6·25전쟁 당시 흥남부두에서 피난민 10만 명을 구출한 현봉학 박사다.

2018년 7월 1일 강원도 동해시 하평해변 매립지 방파제 끝단 테트라포드(TTP)에 전모군(16)과 김모군(18)이 바다에 빠져 매달려 있었다. 일행 중 1명이 휴대폰을 실수로 바다에 빠뜨린 것을 건지려고 하다가 난 사고였다. 다행히 신고를 받고 출동한 해경 등에 의해 무사히 구조되었다. 휴대폰과 목숨을 바꾸려 한 어리석음으로 죽음을 맞이할 뻔했다. 유대폰은 결코 생명보다 소중하지 않다. 소중한 것을 잊으면 소중하지 않은 것 때문에 소중한 것을 잃는다.

오스카 쉰들러나 현봉학 박사 그리고 해경 등은 긴급한 것이 아니라 소중한 것에 올인한 사람들이다. 설교자도 소중한 일에 올인한 사람이다. 한 생명, 한 영혼을 살리는 설교를 하는 사람이기 때문이다. 따라서 설교자는 소중하고 중요한 것인 설교에 '올인'해야 한다.

소중하지 않은 것에 신경 쓰지 마라

미국에서 가장 인기 있는 인플루언서인 마크 맨슨(Mark Manson)은 『신경 끄기의 기술-인생에서 가장 중요한 것만 남기는 힘』에서 이런 말을 한다.

"중요하지 않은 것에 대해 '꺼져'라고 말하라."

중요하지 않은 것에 '꺼져'라고 말해야 하는 것은 가짜가 아닌 진짜에 신경 쓰기 위함이다. 주위를 살펴보면 많은 사람이 신경 쓰지 않아도 되는 것에 온 신경을 쓰고 사는 것을 볼 수 있다. 어떤 사람은 끊임없이 자신의 이야기를 들어달라고 한다. 또 어떤 사람은 계속해서 다른 사람을 이기려고만 한다. 자신이 없어도 되는데도 꼭 자신이 있어야 한다고 우기는 사람도 있다. 이렇게 신경을 쓰지 않아도 되는 일에 신경을 써야 하니 정작 소중한 일은 뒤로 밀릴 수밖에 없다.

설교자들도 예외인 것 같지 않다.

마크 맨슨은 중요한 것만 남기고 버리라고 한다.

"인생에서 터닝 포인트를 원한다면 중요한 것만 남기고 버려라."

인생에서 중요한 것만 남기고 버리는 것이 현명한 사람이다. 그래야 비로소 소중한 것에 집중하며 살 수 있기 때문이다.

소중하지 않은 것을 과감하게 버릴 때, 삶은 한결 단순해지고 거기서 오는 행복감을 발견하게 될 것이다. 이것이 사람들이 말하는 행복한 사람이 되는 방법 중 하나이다.

설교자는 하나님을 위해서라도 소중하지 않은 것을 과감하게 버릴 수 있어야 한다. 그리고 중요하지 않은 것에 대해 과감하게 'NO'라고 말해야 한다. 그럴 때 중요한 설교, 독서, 건강관리 등에 초점을 맞추고 하나님께 영광을 돌리는 사역을 할 수 있다.

2

자기 관리의 '끝판왕'이 돼라

자기관리, 호날두로부터 배워라.

2018년 6월 러시아 월드컵이 열릴 때 화제가 되었던 일들이 많았다. 그중에 눈에 확 뜨인 선수가 한 명 있었다. 크리스티아누 호날두(Cristiano Ronaldo)다.

조선일보는 헤드라인으로 〈자기관리 노력과 호날두〉를 잡고 호날두를 다루었다.

"그는 예선 1, 2차전 두 경기에서만 벌써 4골을 넣었다. 이런 호날두의 기량은 그의 철저한 자기관리 노력 덕분이다. 당시 33세인 그의 신체 나이는 23세로 무려 열 살이나 젊다. 이런 자기 관리로 41세까지 선수 생활을 하는 것이 그의 목표다. 체지방률은 7% 미만으로, 전문 보디빌더 수준이고 근육량은 50%가 넘는다고 한다."

그는 자기 관리 끝판왕이라 할 수 있다. 그는 매일 기본으로 하는 운동이 있다. 팔굽혀펴기 1,000번, 윗몸일으키기 3,000번이다. 여기에 그치지 않는다. 대표팀 동료 히카르두 쿠아레즈마(Ricardo Quaresma)는 말하길, "호날두는 경기 후 샤워실로 걸어가는 동안에도 양동이에 물을 담아 들고 다니며 '웨이트 트레이닝'을 한다."라고 했다.

그의 동료였던 맨체스터 유나이티드의 파트리스 에브라(Patrice Latyr Evra)가 전해준 말이 인상적이다.

"호날두에게 연습 후 점심 식사 초대받았는데 식탁엔 샐러드와 닭 가슴살, 물밖에 없더라. 그걸 먹자마자 호날두는 공을 가지고 와서 함께 훈련하자고 했다."

맨체스터 유나이티드에서 선수 생활을 같이했던 우리나라의 박지성 선수도 호날두에 대해 이런 말을 했다.

"훈련할 때 가장 먼저 나와서 연습하고 끝날 때 가장 늦게까지 연습한다."

호날두가 잘나갈 때 연봉은 연 1억800만 달러다. 우리나라 돈으로 환산하면 약 1,200억 원이다. 그렇게 많은 돈을 버는 스타인데도 여전히 철저한 자기관리를 하기 위해 남다르게 노력하고 있다.

자기 관리의 기본은 남들과 다르게 행동하는 것이다. 매번 지각하는 사람이 자기관리를 잘한다고 할 수 없다. 설교자들에게 글쓰기를 가르치다 보면 남다른 성실함을 갖추지 않고는 차별화된 글을 쓸 수 없음을 알게 된다. 이는 성실함이 자기관리의 시작이기 때문이다.

운동선수라면 술, 담배, 탄산음료를 철저히 금하는 자기관리가 기본이다. 많은 유명 축구선수들을 보면 종종 문신하는 것을 볼 수 있다. 그러나 그는 흔한 문신조차 하지 않았다. 문신하지 않는 것은 매년 2번씩 헌혈하기 위해서다.

호날두가 세계적인 축구 스타가 될 수 있었던 것은 자기관리의 '끝판왕'으로 살았기 때문이다. 브라질 출신 축구선수인 제 호베르투(Ze Roberto)는 자기 관리의 화신으로 유명하다. 그가 만 40세가 넘은 나이에도 어린 선수들 못지않은 체력을 과시한다. 그는 선수 경력을 오래 유지하기 위해 살면서 단 한 번도 패스트푸드를 먹지도, 담배를 피우지도, 술을 마시지도 않는다.

뉴욕 메트로폴리탄 오페라단의 소프라노 신영옥도 자기관리에 철저하기로 유명하다. 그녀는 자타가 공인하는 최고의 소프라노다.

"저는 지금도 보컬 트레이닝을 받아요. 최상의 소리를 내기 위해서요. 하루만 노래를 부르지 않아도 제가 먼저 압니다. 제가 내야 할 완벽한 음이 나오지 않거든요. 제 방에는 아주 큰 거울이 있어요. 그 거울 앞에서 무대에서 신는 하이힐을 신고 매일 노래 연습을 합니다. 공연 무대, 호텔, 집, 이것이 제 삶의 공간 전부예요."

한스컨설팅 대표인 한근태는 『일생에 한 번 고수를 만나라』에서 고수들은 가지 관리를 잘한다고 한다.

설교자도 자기관리의 '끝판왕'이어야 한다. 내가 아트설교연구원 회원들에게 자주 듣는 말이 있다.

"앞으로 달라진 모습을 보여주겠습니다."

"한 달만 기다려주십시오."

"진짜 공부하는 모습을 보여주겠습니다."

이는 막상 자기관리가 쉽지 않음을, 지금까지의 관리의 실망스러움을 표현한 단면일 뿐이다. 그런 말을 했던 설교자들이 불과 한 달도 되지 않아 그런 삶은 온데 간 데가 없다.

우리는 하나님의 종이다. 하나님의 종답게 살아내야 한다. 그렇다면 자기관리의 '끝판 왕'은 기본이다. 우리가 호날두는 아니지만, 호날두와 같은 자기 관리를 하는 설교자여야 한다.

자기 관리가 철저한 설교자로부터 자기관리를 배워라

한국 교회에 어른이 없다고 한다. 내 생각에는 옥한흠 목사가 마지막 어른이었던 것 같다. 그가 한국 교회 어른일 수 있었던 것은 자기관리의 '끝판왕'이었기 때문이다. 그가 자기관리의 '끝판 왕'인 것은 골방에서 책을 읽고 기도하며 글을 쓰는 것에 철저했기 때문이다.

아세아연합신학대학교 역사신학 교수인 박응규는 그의 책 『옥한흠 목사의 설교세계』에서 옥한흠 목사는 설교자들이 설교에 많은 시간을 투자하라고 했다고 말한다.

"설교를 잘못하는 가장 큰 원인의 하나는 투자를 안 해서다."

설교에 시간을 투자하지 않는 것은 다른 말로 자기관리가 철저하지 못하다는 것을 드러내는 셈이다.

한 회원이 공부하는 법과 설교하는 법 등에 관한 질문을 했다. 질문을 받으면서 깨달아진 것이 있다.

'아, 자기관리의 문제 때문에 이런 질문을 하는 거구나!'

자기 관리에 따라 그가 어떤 설교자가 되는가가 결정된다. 설교자의 설교 문제, 목회의 문제는 자기 관리에 달려 있다. 설교자가 자기 관리가 철저하지 못하면 설교에 투자할 만큼의 충분한 시간을 확보하지 못한다.

선한목자교회 유기성 목사도 3주 전부터 설교를 시작해 20시간 이상을 설교에 투자한다. 이는 자기관리를 제대로 하지 않으면 할 수 없는 시간 확보다.

영국의 유명한 설교자로 '강해설교의 왕자'라 불리는 알렉산더 맥클라렌(Alexander Maclarren)은 한 편의 설교를 전하기 위해 60시간을 준비했다고 전해진다. 자기관리의 끝판 왕이 아니면 도저히 60시간을 확보할 수 없다.

'음식은 정성'이란 말이 있다. 음식은 정성이 들어가야 한다는 말이다. 설교도 마찬가지다. 설교도 정성이 들어가야 한다. 이는 곧 자기관리는 기본으로 들어 있다는 뜻이다. 자기관리 자체가 정성이기 때문이다.

예수님은 마음을 다하고 뜻을 다하라고 하신다.

"예수께서 이르시되 네 마음을 다하고 목숨을 다하고 뜻을 다하여

주 너의 하나님을 사랑하라(마22:37)"

　설교자의 자기 관리는 마음을 다하고 목숨을 다해서 하는 것이다. 우리는 자기관리를 잘하는 설교자를 통해 배워야 한다. 그리고 자신도 자기관리 '끝판왕'과 같은 설교자가 되려 해야 한다.

설교자의 자기관리, 10년이 기본이다

　자기관리의 '끝판왕'이 되려면 일정 기간 자기관리를 하며 축적된 것이 있어야 가능하다. 적어도 10년은 철저한 자기관리를 할 수 있을 때 된다.

　많은 사람이 세상은 불공평하다고 말한다. 이 말을 하기 전에 자기관리가 어떠한지, 불성실한 것은 아닌지부터 살펴봐야 한다. 이는 많은 사람의 삶의 실패는 자기관리의 실패에 기인하기 때문이다.

　자기관리를 잘한 설교자가 있다. 한국기독교선교 100주년기념교회를 담임하다가 은퇴한 이재철 목사다. 그는 『목사 그리고 목사직』에서 잠을 자는 것부터 자기관리에 철저함을 이야기한다. 그는 잠도 많이 자지 않는다. 평상시에는 3시간, 많게는 5시간을 자며 사역을 했다. 이런 철저한 자기관리로 인해 많은 후배가 존경하게 되었다. 나도 이 책을 읽으며 이재철 목사에 대해 다시 생각하게 되었다. 그리고 정신이 바짝 들었다. 그에 비해 턱없이 자기관리를 못하고 있기 때문이다.

　나도 부족하나마 자기관리에 신경을 쓰고 있다. 이 글을 쓸 즈음에는 밤 10시 30분까지 공부하던 것을 12시 00분까지 공부하고 있다. 가능하면 낭비되는 시간을 줄이기 위해 몸부림치고 있다.

나는 이 이전의 10년 동안 하루에 10시간 이상 독서와 글쓰기 그리고 설교자들을 대상으로 설교 글쓰기 사역을 했다. 10년 동안 긴장의 끈을 놓치지 않고 살았다.

회원들이 내게 '자기관리를 어떻게 해야 하는가?'라고 물으면 이렇게 대답한다.

"10년을 늘 변함없이 동일하게 살아 자기관리의 '끝판왕'임을 보여주세요."

많은 사람이 자기관리를 시작한다. 3개월, 6개월은 잘 해낸다. 하지만 1년 이상, 2년 이상 계속해서 하기는 쉽지 않은지 해내는 사람이 거의 없다.

자기관리의 '끝판왕'이 되려면 먼저 할 것이 있다. 자신에게 혹독해야 한다. 달콤한 유혹을 멀리하려고 해야 한다. 쉬운 것이 아니라 어려운 것, 편안한 것이 아니라 불편한 것, 웃음으로가 아니라 울음으로 해야 한다. 자기 몸과 마음에 쓰디쓴 것, 힘든 것을 곁에 두어야 한다.

이 글을 쓰는 날에도 지인이 같이 식사하자고 제안을 했다. 나도 몸이 편한 것을 취하고 싶은 마음이 굴뚝과 같았다. 하지만 부족한 나를 더욱더 성장과 성숙시키는 시간을 택했다.

탁월한 자기관리를 할 수 있어야 한다

"당장 탁월할 수는 없어도 당장 성실할 수는 있다."

내가 삶의 지표로 삼고 마음속에 품고 있는 말이다.

사람은 당장 탁월하기 원한다. 탁월하기를 원하지만 당장 할 수 있는 성실하기를 원하지 않는다. 탁월하고 싶다면 당장 성실해야 한다.

설교자는 자기관리 만큼은 탁월해야 한다. 탁월하지 않으면 '코로나19'로 촉발된 언택트 시대에서 생존 자체가 쉽지 않다.

한국 교회가 코로나19를 거치면서 신뢰도가 바닥으로 추락했다. 어떤 상가 교회는 전광훈 목사 문제가 터진 뒤 주인으로부터 상가에서 나가 달라는 통보를 받았다고 할 정도이다. 상황은 점점 악화일로이다. 부교역자들은 사역지가 없어서 세상의 직업을 찾아야 할 형편이고 작은 교회들은 언제 교회 문을 닫아도 이상하지 않을 정도이다.

어려운 시기, 위기의 시대에 설교자가 할 것은 더욱더 철저한 자기관리다. 자기관리를 할 수 있을 때, 언택트 시대는 꼭 갖추어야 할 자기만의 콘텐츠를 만들 수 있다.

설교자는 설교 콘텐츠가 중요하다. 그 설교 콘텐츠가 남달라야 한다. 설교를 잘하는 정도가 아니라 남과 비교해서 탁월할 정도 되어야 한다. 이를 위해 자기관리 '끝판왕'이 되어야 한다.

에필로그

내 설교, 교인이 '또다시' 듣고 싶어 하는 설교자인가?

코로나19는 세상에 언택트 시대를 열었다. 세상이 전과 완전히 달라졌다. 교회와 목회 환경도 완전히 달라졌다.

코로나19로 인해 유튜브 전성시대가 되었다. 그 결과 교인이 다음 주에 내 설교를 또 들어준다는 보장이 사라졌다.

코로나19 이전에는 설교자가 주일 날 설교를 하면 그다음 주에 교인이 교회의 예배에 참석해 설교를 들었다. 하지만 지금은 교인이 다음 주에도 나의 설교를 또 들어준다는 보장이 없다.

교인이 또다시 내 설교를 듣게 하고자 한다면 내 설교를 듣게 하는 뭔가 큰 매력이 있어야 한다. 결국, 예전보다 더 많이 발전된 설교를 할 수 있는 설교자가 되어야 한다.

2020트렌드 중 하나가 '라스트핏 이코노미(Last Fit Economy)'라는 소비 트렌드다. 이 트렌드는 김난도 서울대학교 교수가 『트렌드 코리아 2020』에서 제시한 2020년의 소비트렌드 10개 중 하나다.

'라스트핏 이코노미'란 회사에서 물건을 팔 때 뒤따르는 서비스에 대한 말이다. 이는 회사는 소비자에게 서비스를 제공하되 소비자가 마지막 순간까지 만족을 최대한으로 얻을 수 있도록 하는 데 노력하라는 말이다. 그 이유는 마지막 순간의 경험이 재구매의 기준이 되고 있기 때문이다.

'라스트핏 이코노미'는 온라인과 비대면 사업이 급증하면서 소비자와의 마지막 접점까지 고려해야 함을 말해준다. 지금의 소비자들은 상품의 가격과 품질, 브랜드 등 객관적 가치뿐만 아니라, 배송을 받고 포장을 뜯는 마지막 순간에 느끼는 주관적인 만족이 상품을 선택하는 데 있어 중요한 기준이 되었다.

소비자들이 물건에 대해서만 주관적인 만족을 중시하는 것이 아니다. 어떤 의미에서 본다면 교인도 말씀 소비자이다. 말씀 소비자인 교인이 물건을 구매한 뒤 주관적인 마지막 서비스를 중요시하듯이 설교에서도 중요하게 여긴다는 말이다. 즉, 교인이 마지막 순간에 느끼는 주관적인 만족까지 줄 수 있는 설교를 할 수 있어야 한다는 의미다. 그렇지 않다면 마지막 순간의 주관적인 만족까지 줄 수 다른 설교자의 설교를 듣게 될 것이다.

코로나19로 인해 온라인 예배가 지속되자 교인들은 조회수가 많은 설교자의 교회로 이동하고 있다. 그 이유는 그 설교가 또 듣고 싶은 설교이기 때문이다.

이런 상황에 설교자인 당신은 교인이 또다시 듣고 싶은 설교를 하고 있는가?

그 질문에 '예!'라고 답할 수 있어야 한다.

교회는 위기 상황이다.

『문학은 어떻게 신앙을 더 깊게 만드는가-시와 소설과 그리스도인』의 이정일 목사는 한국 교회를 이렇게 평가한다.

"한국 교회가 겉으로 볼 땐 아직까진 굳건해 보이지만 속으론 많이 허약해진 것을 느낀다."

청파교회 김기석 목사는 한국 교회를 이렇게 평가한다.

"코로나19는 그동안 숨겨져 왔단 한국 교회의 민낯을 드러내고 있다."

이런 때에 우리는 무엇을 준비해야 하는가? 그리고 어떻게 목회할 것인가를 고민해야 한다. 지금, 교회는 위기상황이다. 대형 교회도 예외가 아니다. 아무리 대형 교회라도 출석률이 50%로 떨어졌다고 하고, 어떤 대형 교회의 재정이 매달 1억 5천만 원이 부족하다고 한다.

작은 교회는 더 말할 것도 없다. 교회의 월세를 해결하는 것이 벅차다. 월세를 해결하기 위해 아르바이트나 투 잡을 하는 것이 이상하지 않게 되었다. 더욱 심각한 것은 교회의 미래인 청년들이 교회에 보이지 않는다는 것이다.

이런 상황에 대한 대안이 있는가?

대안이 없다면 넋을 놓고 있을 수는 없다. 이전보다 더 열정을 불태워야 한다. 설교준비와 자기관리에 더 철저해야 한다. 그 결과 교회의 대안을 마련하고 세상에 그 대안을 제시해야 한다.

위기때에는 진정한 실력자로 거듭나야 한다

지금 현 위기를 극복하는 방법은 두 가지이다. 하나는 버티는 것이다. 또 다른 하나는 자신을 탁월한 설교자로 만드는 것이다.

첫째, 버티는 것이다. 버텨야 하는데 버티기 힘든 상황이다. 그럴지라도 버텨야 한다. 위기의 때인 만큼 어려움의 파고는 높고 크다. 예상한 것보다 훨씬 클 것이다. 그럴지라도 버텨 위기를 극복해야 한다. MBN 보이스트롯에서 우승한 박세욱은 25년간 무명 생활을 했다. 그는 코로나19로 우울한 사람들에게 "좋은 날은 꼭 올 것"이라며 끝까지 버티자고 했다. 그는 코로나19로 우울한 사람들에게 조항조의 〈걱정마라, 지나간다〉를 권했다. 그는 이 노래를 들으며 무명 생활을 버티고 좋은 날이 올 거라 믿었다고 한다. 힘든 시기지만 태양이 뜨는 그 날이 꼭 올 것이니 잘 견디라고 말한다.

가수 조항조의 〈걱정마라 지나간다〉에 이런 가사가 있다.

"울지마라 지나간다, 버티고 버텨라.

사는 게 힘들어도 절대로 기죽지 마라.

벼랑 끝 내 인생은 잃을 것도 없다.

(중략)

꼭 온다 좋은 날이, 버티고 버텨라."

야고보서 5장 11절도 동일하게 말씀하신다.

"보라 인내하는 자를 우리가 복되다 하나니 너희가 욥의 인내를 들었고 주께서 주신 결말을 보았거니와 주는 가장 자비하시고 긍휼히 여기시는 이시니라."

인생사는 '시간이 해결해 준다'라는 말이 있다. 시간이 지나면 언젠가 좋은 날이 온다. 그러나 조항조의 노래와 같이 좋은 날이 꼭 오니 버티고 버텨야 한다.

둘째, 극복하려면 탁월함을 갖춰야 한다. 탁월함을 갖추지 않으면 극복이 아니라 더 힘들어질 수도 있다. 그러니 말씀 붙들고 기도하며 탁월함을 갖추기 위해 몸부림쳐야 한다.

전설적인 투자자인 워런 버핏(Warren Buffett)이 '수영복검사(Naked Swimmer Test)'를 이야기했다. 물이 가득 찬 수영장에서는 모두 우아하게 수영을 한다. 수영하는 도중 물이 빠지고 나면 누가 벌거벗고 있는지 알 수 있다. 그가 수영복검사 이야기를 한 것은 진정한 실력자는 어려운 상황을 겪어봐야 알 수 있다는 의미이다.

코로나19는 누가 진정한 실력자인지를 모든 나라에, 모든 분야에 그리고 모든 사람에게, 강제적(?)으로 적용되고 있다. 코로나19는 설교자들도 진정한 실력자가 누구인지 알 수밖에 없는 환경을 만들어 냈다. 들리는 말은 교인들이 몇몇 설교자의 설교만 듣는다고 한다. 그렇다면 설교자는 탁월한 설교자로 거듭나기 위해 애를 써야 한다.

우리가 탁월한 설교자로 거듭나야 하는 이유가 있다. 설교는 모든 사역 가운데 가장 중요하고 탁월한 사역이기 때문이다. 종교개혁을 이론으로 완성 시킨 장 칼뱅(Jean Calvin)도 설교가 탁월한 사역이라고 했다.

"모든 일 가운데 가장 탁월한 사역이다."

설교는 목회의 모든 일 가운데 탁월한 사역이다. 그러므로 이 기회에 탁월한 설교자가 되도록 자신을 만들도록 하자.

스스로를 위대하다고 평가하라

우리는 늘 겸손이 중요하다고 배워왔다. 하나님 앞에서는 겸손이 중요하다. 다른 사람 앞에서도 겸손이 중요하다. 하지만 겸손이 중요하지 않을 때가 있다. 자신을 대할 때다.

코칭 지도자인 케빈 홀(Kevin Hall)의 『겐샤이-가슴 뛰는 삶을 위한 단어 수업』에 등장하는 단어가 '겐샤이(Gensha)'다. 이 단어는 고대 힌디어로 '누군가를 대할 때 그가 스스로를 작고 하찮은 존재로 느끼도록 해서는 안 된다'라는 뜻이다.

누군가를 대할 때 하찮은 존재로 느끼게 하면 안 된다. 특히, 설교자는 자신을 대할 때 이 말을 적용해야 한다. 설교자는 자신을 하찮은 존재가 아니라 위대한 존재로 대해야 한다.

다른 사람은 자신을 하찮은 존재로 대할지라도 자신만큼은 위대한 존재로 대해야 한다. 그럴 때 자신이 하나님이 위대한 설교자로 만들기 위해 몸부림친다.

아브라함과 같이 믿음으로 위대한 존재, 모세와 같이 이스라엘의 위대한 지도자, 욥과 같이 고난을 위대하게 통과한 사람, 바울과 같이 위대한 전도자로 지칭되었듯이 설교자는 자신 스스로 높게 평가해야 한다. 그럴 때 스스로 자신의 가치를 인정하고 불확실한 시대에 높은 파고를 극복할 수 있다.

설교는 뉴 노멀(New Norma)의 대안이다

『인문학, 설교에 어떻게 활용할 것인가』는 뉴 노멀 시대 목회의 대안을 이야기한다. 그 이유는 뉴 노멀 시대에는 설교만 중요해졌기 때문이다. 콘텐츠 시대에 설교자는 설교 콘텐츠로 승부해야 한다. 교인과 소통이 잘 되는 설교여야 한다. 교인이 들려진다고 좋아해야 한다. 그리고 세상과 견주어서도 손색이 없는 콘텐츠여야 한다.

뉴 노멀 시대에 설교는 설교자의 대안이자 해답이다. 지금껏 해 온 설명 중심의 설교가 아니라 논증 중심의 설교로 바뀌어야 한다. 기도와 전도로만 하는 목회가 아니라 공부까지 보태어진 세상 사람까지 관심을 끌 수 있는 목회를 해야 한다.

『김미경의 리부트』에서 김미경이 한 말처럼 코로나19로 인해 사회는 '제로세팅'되었다. 모두에게 출발점이 똑같아졌다는 말이다. 이런 시대에 누가 먼저 자신을 시대에 맞게 업그레이드하느냐가 관건이다.

설교자는 시대에 도전하는 도전자여야 한다. 지금까지의 설교 틀을 과감하게 바꾸어야 한다. 그러려면 남다르게 준비해야 한다. 그리고 남다르게 독서해야 한다. 남다르게 설교 콘텐츠로 무장해야 한다. 그 결과 시대를 살아가고 있는 교인의 라이크(like)를 맞출 수 있는 설교를 세팅할 필요성이 짙다.

이 책은 설교자에게 몇 가지를 제시한다.

독서, 창조적 성경묵상법, 설교 구성, 논증 중심 설교, 설교 글쓰기, 설교 퇴고, 자기 관리 등이다.

이 중 창조적 성경묵상법은 뉴 노멀 시대에 맞는 설교를 위한 묵상법이다. 이 방법을 활용해 설교를 위한 묵상을 해야 한다. 설교 글쓰기는 글쓰기에 불모지인 신학계에 탁월한 글로 교인의 마음을 사로잡을 수 있도록 도움을 줄 것이다. 설교자는 '해석 중심'의 올드 노멀이 아니라 '논증 중심'의 뉴 노멀 시대에 맞게 원포인트로 설교를 해야 한다. 마지막으로 설교자의 당장 할 수 있는 성실함으로 탁월한 설교자가 되도록 자신을 만들어야 한다. 그렇게 하는 어느 날, 자기관리로 인해 자신뿐만 아니라 하나님께서도 우리를 향해 기뻐하시는 것을 발견하게 될 것이다.

이 책은 한없이 부족한 책이다. 설교자들은 이 부족한 책으로 도움을 받아 하나님의 은혜가 흐르는 교회, 행복한 교인, 그리고 희망의 세상을 만드는 데 일조할 수 있을 것이라 확신한다. 마지막으로 이 책을 통해 하나님을 더욱 사랑하고 하나님의 사랑을 받는 설교자가 되기를 꿈꾼다.

잠실의 스터디카페에서
김도인 목사

부록

창조적 성경 묵상법

1. 본문 파악
  1) 본문 읽기
  2) 내용 파악

2. 삶과 연결
  1) 질문하기
    (1) 요약
    (2) 의미화
    (3) 질문하기
    (4) 답변하기

2) 낯설게 적용하기(메시지 만들기)

   (1) 전달하고자 하는 '단어' 혹은 '문장'을 선정한다.

   (2) 메시지를 만든다.

   (3) '만든 메시지'를 공감되도록 기도하면서 설명한다.

3. 제목 잡기(주제 잡기)

   1) 내용 분류

   2) 공통어 찾기

   3) 의미화 하기

   4) 제목 만들기

   5) 제목 잡게 된 동기 혹은 이유 쓰기(본문과 제목 연결)

4. 본문 깊이 보기

   1) 하나님의 마음과 의도(저자의 의도)

   2) 등장인물의 마음(심리 묘사)

   3) 주제를 잘 드러내는 단어 및 구절 연구

   4) 지금 주는 의미(현대에 주는 의미)

      (1) 그때

      (2) 지금

설교 구성(프레임)

1. 도입(낯설게)
2. 본문보기(제목 잡게 된 동이 혹은 이유)
3. 제목 심화(Why로 질문하기)
4. 현실과 연결시키기
5. 개념 활용
6. 본문과 연결시키기
7. 하나님 사랑이야기(말씀 살아내기)
8. 적용
9. 영적 연결
10. 예수그리스도와 연결
11. 결론(마무리와 결단)

논증법의 4가지 원칙

첫째, 설명
둘째, 논증
셋째, 자기주장에 대한 사례를 든다.
넷째, 적용으로 마무리 한다.

논증법의 3가지 원칙의 적용

첫째, 논증하기 위해 '설명'한다.

둘째, 논증을 하되 '충분'하게 한다.

셋째, 설명과 논증은 '적용'하기 위해 한다.

논증 글쓰기의 3가지 법칙

첫째, 자기가 하고 싶은 말에 대한 정의를 내린다.

둘째, 자기주장에 대한 근거를 제시한다. 즉 논증을 한다.

셋째, 자기주장에 대한 사례를 든다.

설교 글쓰기의 원칙

첫째, 첫 문장을 임팩트 있게 쓰라.

둘째, 두괄식으로 쓰라.

셋째, 단문으로 쓰라.

넷째, 하나의 주제로 쓰라.

다섯째, 할 수만 있다면 개념(어휘)으로 쓰라.